W0359543

Inhaltsverzeichnis   Seite

Vorbemerkung

Liebe Schülerinnen und Schüler!

Sie halten ein Arbeitsbuch in Händen, das Sie während Ihrer Ausbildung begleiten soll. Wir, die Autorinnen und Autoren, versprechen uns, daß Ihnen dieses Buch eine Hilfe beim Übergang vom Schülerdasein zur Erziehertätigkeit sein wird. Unsere Zuversicht resultiert aus der langjährigen Erfahrung mit der hier vorgeschlagenen Methode und den theoretischen Einsichten, die wir über die tatsächlichen Verlaufsmuster eines Erzieherbildungsganges während der Ausbildung machen konnten: Sie finden in diesem Arbeitsbuch Texte bzw. „Geschichten" aus der Praxis, die Sie anhand von Fragestellungen bearbeiten können. Wir wollen diese Fragestellungen im folgenden nicht einfach voraussetzen, sondern Ihnen die Gelegenheit geben, sie in Grundzügen nachzuvollziehen. Deshalb finden Sie zunächst einige Seiten eher theoretischer Überlegungen, bevor es zur konkreten Arbeit mit Texten kommen soll. Wenn wir im folgenden von Erzieherinnen oder Erziehern, Lehrerinnen oder Lehrern, Praktikantinnen oder Praktikanten, Schülerinnen oder Schülern sprechen, so ist durchgängig das jeweils andere Geschlecht mitgemeint. Wir machen dies deutlich, in dem wir am Anfang von Abschnitten beide Formen parallel verwenden, beschränken uns dann aber wegen der besseren Lesbarkeit im Laufe des Textes meist auf eine Form.

Wir danken den Schülerinnen und Schülern, auf deren Praxisberichte wir für die Erstellung dieses Buches zurückgreifen konnten, und wir danken unseren Kolleginnen und Kollegen für ihre Unterstützung.

1. Der Entwicklungsprozeß zur Erzieherin/zum Erzieher als persönlicher Lernprozeß

Das Arbeitsbuch weicht in mehrfacher Hinsicht von den üblichen Lehr- bzw. Lernmaterialien innerhalb der Erzieherausbildung ab. Im Zentrum dieses Bandes (in Kapitel 2) steht eine Sammlung von Geschichten, die ehemalige Schülerinnen und Schüler der Erzieherausbildung im Rahmen ihrer Praktika erlebt und protokolliert haben. Es ist höchst selten, daß in Lehrwerken und Arbeitsmaterialien die Texte abgedruckt werden, die die Ausbildung tatsächlich bestimmen, nämlich die Erprobungserfahrungen angehender Erzieherinnen. Statt dessen ist es oft so, daß Arbeitsbücher extra für diesen Zweck geschriebene Modelle, Konzepte, simulierte Erfahrungen etc. enthalten. Solche Modelle und Konzepte sollen dann veranschaulichen, was richtiges Verhalten darstellt und wo es in der Praxis „langgehen" soll. Simulationen von Praxis oder Praxisbeispiele sollen vor allem theoretische Positionen illustrieren, sie sind entsprechend passend hierfür ausgewählt worden. In den Geschichten dieses Bandes dagegen bleibt bewußt offen, was richtiges Verhalten wäre. Und ob Theorien bei der Aufschlüsselung der Geschichten helfen können, muß erst noch gezeigt werden. Entschieden sind wir allein darin, daß wir sichergestellt sehen wollen, *daß Sie aus Ihrer Praxis lernen können.*

Die übergreifende Frage, die wir uns autorenseitig gestellt haben, ist folgende:

An welchem Material läßt sich am ehesten für die Entwicklung eigener Handlungskompetenzen in der Erziehertätigkeit lernen? Ist es besser, Schülerinnen an didaktisch vorgeprägten Modellen zu orientieren, ihnen damit die Entscheidung abzunehmen, wie pädagogisch gehandelt werden sollte? Oder ist es nicht viel sinnvoller, von der tatsächlichen Entwicklungsgeschichte von Schülerinnen auszugehen, ihnen entlang dieser Geschichte zu helfen, besser den Weg zu beschreiten, den sie selbst gehen wollen?

In dieser Gegenüberstellung von zwei Betrachtungsweisen steckt bereits eine große pädagogische Frage der Erzieherausbildung. Und damit Sie besser verstehen, was Sie als Sammlung in Händen halten und wie Sie sinnvollerweise mit dieser Sammlung umgehen, müssen wir einleitend näher auf dieses Grundproblem eingehen.

Eigentlich jeder, der Erzieher ausbildet, weiß, daß der dabei ablaufende Entwicklungsprozeß immer ein sehr individueller, ein sehr persönlicher, oft ein sehr eigensinniger sein muß. Viele werden gute Pädagogen nicht etwa, indem sie sich an gute Vorbilder anschmiegen oder indem sie Theorien als Rezepte für das Handeln übernehmen, sondern indem sie sich an nicht akzeptierten Vorbildern reiben, indem sie eigene „Theorien" entwickeln usf. Dahinter steckt die von den pädagogischen Theoretikern immer wieder eingeschärfte Einsicht, daß in nicht unwesentlichem Maße Mündigkeit durch Eigensinn und Widerspruch entsteht. Der Lehrer als Erzieher erzieht oft ganz anders, als er denkt. Sodann resultiert unsere Grundeinsicht aus der Erfahrung, daß der Erwerb von Fähigkeiten nicht nach dem Modell des Nürnberger Trichters erfolgt. Er stellt immer und notwendig die konstruktive Leistung eines jeden selbst dar.

Lehrer- wie Erzieherpersönlichkeiten sind also sehr unterschiedlich. Natürlich kann aber nicht jede angehende Erzieherin ihren „eigenen" Lehrer haben, nicht jeder Lehrer kann ein „Original", eine besondere Type sein. Genausowenig kann und wird später jede Erzieherin für ihre Kinder ein „Original" sein können. Vielmehr haben wir schlichter zu beachten, daß eine Erzieherin auf Kinder insbesondere durch die Art ihres persönlichen Umgangs und durch ihre Eigenart wirkt, in der sie allgemeine Fähigkeiten der Kommunikation und des Umgangs ausgebildet hat. Jede Erzieherin ist also durch eine ganz besondere Art charakterisiert, in der sie die allgemeinen Probleme sozialpädagogischer Tätigkeit zu bearbeiten versucht. Wir wissen sodann, daß diese Eigenart – etwa wie sie mit Kindern spielt oder sie tröstet oder ihnen etwas erklärt und vormacht – nicht vollständig erst in den kurzen Jahren der Ausbildung entsteht. Es prägt sich lediglich in dieser Zeit beruflich konkret aus, was man schon gelernt hatte.

Daraus entsteht die fast paradox zu nennende Voraussetzung für Ihre Ausbildung: *daß Sie im wesentlichen schon „fertig" sind, wenn Sie in die Ausbildung eintreten.* Nur in ganz seltenen Fällen führt die Ausbildung dazu, daß Sie Ihre grundlegenden Orientierungen hinsichtlich des Umgangs mit Kindern, aber auch Ihre ganz persönlichen Anschauungen darüber, was Sie wollen und was Sie an Kindern interessiert, ändern werden. Das, was Sie überhaupt in die Lage versetzt, spontan mit Kindern einen geregelten und wirkungsvollen Umgang herzustellen, bezeichnet die Wissenschaft mit „kommunikativer Kompetenz". Hinter diesem Begriff verbergen sich eine Reihe von Fähigkeiten:

- sich in die Situation, in das Erleben und Empfinden von Kindern hineinversetzen zu können,
- die Gesten zu verstehen, mit denen sich Kinder an Sie wenden,

- eine Sprache zu finden, mit der Sie sich im Umgang mit Kindern verständigen können,
- unterschiedliche Verhaltenserwartungen von Kindern zu verstehen und ihnen praktisch zu folgen,
- sich Ziele setzen und sie mit Beharrlichkeit absichtsvoll verfolgen zu können,
- Probleme erkennen, Risiken abschätzen, Enttäuschungen verwinden zu können und vieles mehr.

Wenn es in der Erzieherausbildung darauf ankäme, daß Sie solche Fähigkeiten zuallererst neu entwickeln, sähe es schlecht um Ihre zukünftige Befähigung aus. Das Ziel der Ausbildung kann nur darin liegen, Ihnen Ihre kommunikative Kompetenz bewußt zu machen, Ihnen zu zeigen, wie kompetent Sie bereits kommunizieren können, und schließlich Ihnen Möglichkeiten aufzuzeigen, wie Sie diese Kompetenz weiterentwickeln könnten. Denn, und das ist eine Auflösung jener „paradoxen" Bemerkung, daß Ihnen etwa spontan einfällt, wie Sie Kinder *trösten* können, sagt nämlich noch nichts darüber aus, ob Sie sie schon erfolgreich trösten *können.* Wir alle kennen Pädagogen, die unterschiedlich sensibel, offen, geschickt, kreativ usf. sind. Damit Lehrer dabei hilfreich sein können, daß Sie lernen, besser als bisher mit Ihren kommunikativen Fähigkeiten umzugehen, müssen sie recht genau an der Struktur, am Sinn der eigentümlichen Fähigkeiten anknüpfen, die Sie in die Ausbildung einbringen. Wenn die Lehrer dagegen Ihren persönlichen Lernprozeß mit ihren Anregungen nicht treffen, bleiben die Hilfestellungen recht nutzlos.

Damit Sie die Bedeutung Ihrer individuellen Persönlichkeit für die berufliche Qualifikation nicht überinterpretieren, muß noch eine Einschränkung gemacht werden: Auch wenn Sie alle jeweils individuell unverwechselbare, von niemanden wirklich zu vertretende „Persönlichkeiten" sind, so bedeutet dies doch nicht, daß Sie deswegen alle gänzlich einmalig wären. Das hängt mit dem folgenden Umstand zusammen: Sowohl die Probleme, die Sie später in der Praxis zu lösen haben, als auch die Verhaltensmuster, die Sie zur Lösung dieser Probleme weiterentwickeln, sind nicht unbegrenzt in ihrer Vielfalt. Sie haben es später in Ihrer Praxis zwar immer mit besonderen Fällen zu tun, zugleich werden Sie aber hinter der Oberfläche und Vielfalt dieser Fälle sehr bald bestimmte Strukturprinzipien, Regeln, Muster, Gemeinsamkeiten etc. entdecken. Es ist wie mit den Blättern an den Bäumen. Es gibt kein Blatt, das exakt dem anderen gleicht, aber es gibt zugleich nur eine beschränkte Anzahl von Blattformen. Und genau so, wie die Fälle Ihrer zukünftigen Praxis Gemeinsamkeiten aufweisen, so besteht auch hinsichtlich der Möglichkeiten, auf Probleme zu reagieren, nur eine begrenzte Wahlmöglichkeit. Wir alle leben davon, was Erzieherinnen und Erzieher vor uns entdeckt haben, und davon, was in unserer Kultur an Möglichkeiten zugelassen wurde. Mit anderen Worten: Das Repertoire, das Erzieherinnen insgesamt entwickelt haben, um auf sozialpädagogische Probleme zu reagieren, ist vergleichsweise eng begrenzt. Wenn Sie später Geschichten aus der Praxis studieren werden, und Sie die Vielfältigkeit der Methoden des Verstehens analysieren, dann werden Sie wahrscheinlich nicht mehr als die drei oder vier Grundtypen entdecken, die wir bislang gefunden haben:

- Verstehen als (Wider)„spiegeln" dessen, was man gesehen hat,
- Verstehen als Erklären von Hintergründen,
- Verstehen als Identifikation mit der Situation desjenigen, den man verstehen will,
- und Verstehen als zupackende Form des solidarischen Handelns.

Die Beispiele, die wir in Kapitel 2 dieses Bandes dokumentieren, stehen nicht unter dem Anspruch, in den vier Unterkapiteln alle zentralen Problembereiche sozialpädagogischen Handelns zu umfassen. Es soll auch nicht behauptet werden, daß die Handlungs- und Problemlösungsbeispiele, die darunter versammelt werden, zwingend sind. Was wir aber mit den Beispielen zeigen können, das ist die Vielfalt der alltäglichen Problemsituationen und Problemlösungsmuster, die Erzieherinnen in ihrem persönlichen Lernprozeß bewältigt haben. Und wenn wir Ihnen gerade diese Auswahl anbieten, so geschieht dies, weil wir überzeugt sind, daß diese Beispiele viele der wichtigen Fragen berücksichtigen, und weil Sie daraus lernen können, auch wenn Sie selbst noch auf andere Situationen treffen und dann im konkreten Fall anders handeln werden.

Wir sprachen von der zentralen didaktischen Problemstellung für Lehrer, die Erzieherinnen ausbilden wollen, und begannen unsere Überlegungen mit dem Hinweis auf den persönlichen Lernprozeß von Erzieherinnen. Wir machten deutlich, daß jeder Bildungsgang einer Erzieherin ein besonderer sein muß, gleichzeitig schränkten wir die Individualität dieser Entwicklungen mit dem Hinweis darauf ein, daß Probleme und Problemlösungsmuster selbst begrenzt sind.

Wenn Sie sich für einen Augenblick in die „Schuhe Ihrer Ausbilderinnen" stellen, dann wird Ihnen vielleicht deutlich, welches Dilemma diesen aus dieser Einsicht erwächst. Würden Ihre Lehrerinnen davon ausgehen, daß jede von Ihnen ganz unterschiedlich, letztlich einmalig und unvergleichlich ihre Aufgaben zu bewältigen versucht, folgte daraus ein radikal individueller Unterricht, im Grunde Einzelunterricht. Dann wäre eigentlich ausgeschlossen, was Schule allgemein ausmacht: der Unterricht in Klassen, die Formulierung gemeinsamer Aufgaben für alle, die Bewertung aller Schüler nach einheitlichen Maßstäben usw. Die Hilfestellungen konkretisierten sich jeweils durch ganz spezifische Hinweise auf Ihre persönliche Lernentwicklung. Wir vermuten, daß es auch Ihnen schwerfallen würde, sich das konkret **als Schule** vorzustellen. Jeder machte etwas anderes, nichts wäre einfach miteinander zu vergleichen, „gut" oder „befriedigend“ wäre man nur „für sich“, nicht aber im Vergleich zu den Mitschülern oder mit Bezug auf eine objektiv gestellte Aufgabe.

Wenn das so ist, dann stellt sich für Ihre Lehrer (im Prinzip auch für Sie später in der sozialpädagogischen Einrichtung) eine schier unlösbare Aufgabe:

Wie kann man die persönliche Lernentwicklung von Schülern fördern und doch einen gemeinsamen Unterricht für alle abhalten?

Nicht einfach die Mischung aus beiden Extremen, nicht der naheliegende Mittelweg, aber die *Vermittlung* zwischen beiden Lösungen weist den Weg, den auch dieses Buch zu gehen vorschlägt. Es sollte ausgegangen werden von der persönlichen Lernentwicklung, in ihrem Verlaufe aber immer wieder darauf geachtet werden, wo Vergleichbares, ja wo Generalisierbares, Allgemeines zu entdecken ist. Welches sind die übergreifenden Regeln, Muster, Strukturen etc., die sich in den sehr persönlichen Geschichten von Schülerinnen entdecken lassen?

Sie werden vielleicht schon spüren, daß damit eine sehr spannende, offene und schlecht vorhersehbare Auseinandersetzung mit der Aufgabe: *Aus Schülerinnen werden Erzieherinnen!* folgen muß. Ein Unterricht nach festem Plan, ein Lernen, für das die Ausgangspunkte, der Verlauf und das Ergebnis immer schon feststehen, ist damit weitgehend ausgeschlossen. Das Lernen ist so gut, wie alle Beteiligten in der Lage sind, aus ihren Erfahrungen und Geschichten folgenreich zu lernen!

Bei aller grundsätzlich zu unterstellenden Bereitschaft von Lehrern, sich im Verlaufe der Ausbildung auf die individuelle Schülerpersönlichkeit einzulassen, besteht für die Umsetzung dieses Ziels noch ein weiteres gravierendes Problem: Die Lehrer beobachten also, daß Schüler auf vergleichbare Situationen ziemlich unterschiedlich reagieren. In dieser Unterschiedlichkeit steckt zweierlei: zum einen eine qualitative Verschiedenheit der Problemlösungs*muster*, zum anderen ein Unterschied im Entwicklungs*niveau* des jeweils benutzten Problemlösungsmusters. Mit anderen Worten: Ganz deutlich ist, daß in der Situation des Mutmachens, des Streitschlichtens oder des gemeinsamen Planens von Angeboten Schülerinnen (wie auch Erzieherinnen) ganz unterschiedlich vorgehen. Sie nehmen die Problemsituation anders wahr, gewichten unterschiedliche Aspekte, sie orientieren sich nicht an den gleichen Zielen und nutzen entsprechend unterschiedliche Methoden. Zugleich wird deutlich, daß Schülerinnen (und Erzieherinnen) mit einem identischen Konzept unterschiedlich kreativ, unterschiedlich professionell, das heißt auch: genau, komplex, flexibel, situationsfühlig und erfinderisch vorgehen. Sie kennen das alles zur Genüge aus Ihrer Schulerfahrung: Lehrer sind unterschiedlich und unterschiedlich gute Lehrer.

Für Ihre eigenen Lehrer erwächst daraus die Frage, wie sie mit diesen Unterschieden umgehen sollen. Sie haben ja die Aufgabe, Ihr Verhalten, Ihre Entwicklung, Ihre Fähigkeit, Ihr Wissen etc. zu bewerten. Wie läßt sich das aber erreichen, wenn nicht alle Schülerinnen und Schüler gleichsam die gleiche Aufgabe haben und sie diese in einer gleichen Weise lösen sollen? Es ist schon schwer genug, Schülerinnen im Rahmen der traditionellen Ausbildung z. B. ein gemeinsames Planungsraster zur Entwicklung didaktischer Angebote im Kindergarten zu geben und dann auf dieser Basis die von Schülerinnen produzierten Lösungen (die schriftlichen Planungsentwürfe) zu bewerten. Um wieviel schwerer fällt es, Aufgabenlösungen von Schülerinnen zu bewerten, in denen diese zeigen, daß sie ganz unterschiedlich vorgehen, wenn sie didaktische Angebote in Kindergärten planen,

- wenn die einen etwa ein Planungsraster benutzen,
- andere sich ein Drehbuch für ihre Aktivitäten ausdenken,
- dritte lediglich die Startsituation genau planen, alles andere dann der Entwicklung der Aktion überlassen usw.?

Hinzu kommt noch, daß die von Schülerinnen entwickelten Problemlösungsmuster sich spiegeln in den pädagogischen Konzepten ihrer Lehrer. Lehrer selbst haben ja ihre eigenen Auffassungen darüber, welches das richtige Verhalten in einer bestimmten Situation ist. Und nicht zuletzt: Lehrer sind schon von Berufs wegen darauf geeicht, es immer besser zu wissen als ihre Schüler, und das bedeutet, daß sie Problemlösungen von Schülern immer mit Blick auf bessere kritisieren. Wir selbst haben uns in vielen Jahren bemüht, bis wir gelernt hatten, uns einigermaßen frei von unseren roten Stiften zu machen und wirklich neugierig, offen und positiv eingestellt zu sein für die Geschichten der Schülerinnen und Schüler, bis wir gelernt hatten, unseren Standpunkt so zu vertreten, daß er von den Schülerinnen nicht als Nötigung, sondern als ein Modell unter anderen verstanden wurde.

Wir vermuten, daß viele von Ihnen zwar intensiv wünschen werden, in Ihrer Eigenart wahr- und ernstgenommen zu werden, daß Sie nach all den Jahren der Schule aber ebenfalls Probleme haben könnten, wenn Lehrer Ihnen nicht mehr sagen werden, welchen Maßstäben und Standards für professionelle Erziehung Sie folgen sollen. Sie haben ja in Ihrer Schulzeit immer wieder die Lektion zu lernen gehabt, daß Sie eher dann eine gute Note erwarten konnten, wenn Sie erfüllten, was der Lehrer von Ihnen erwartete!

Für Lehrer und Schüler in der Erzieherausbildung ergeben sich aus dieser Unsicherheit zwei Lösungsperspektiven:

- Entweder man sucht Sicherheit in der traditionellen Form, daß nämlich möglichst schnell und möglichst eindeutig geklärt wird, was jeweils in bestimmten Phasen der Ausbildung an Lernleistungen, Verhaltensweisen, Überzeugungen „herauskommen soll“. Der Unterricht hätte sich also sehr schnell an dem Standard zu orientieren, den der Lehrer vorgibt.

- Oder aber: Lehrer und Schüler lassen sich auf die produktive Unsicherheit ein, die daraus entsteht, daß Schule als pädagogische Einrichtung wenig gut darauf vorbereitet ist, individuelle Lernprozesse zu begleiten und zu fördern, vielleicht aber die einzige Chance für eine reiche Entwicklung eines jeden einzelnen darin besteht, daß man sich möglichst genau auf die individuelle Lernbiografie einer Schülerin, eines Schülers einläßt.

Die Didaktik, die vorliegendem Band zugrunde liegt, ist in ihrem Selbstverständnis eine entwicklungsfördernde. Sie nimmt die Schülerinnen und Schüler als junge Erwachsene ernst, das heißt, als solche Lerner, die bereits mit sehr viel Kompetenz und Vorerfahrung in die Ausbildung eintreten und denen ihre Ausbilder helfen können, möglichst reich zu entwickeln, was als Orientierungen bereits vorliegt. Sie werden im Verlaufe der Ausbildung, bei der Analyse von Fallgeschichten, eigenen wie fremden, in dem Maße etwas für Ihre eigene Entwicklung lernen, indem Sie selbst aufmerksam werden für ungenutzte Entwicklungsmöglichkeiten. Diese beziehen sich in erster Linie auf die Chancen, Ihre Problemlösungsmuster weiterzuentwickeln, zuweilen aber auch auf die Möglichkeit, für Sie ganz neue Problemlösungsmuster zu erarbeiten. Insofern sind die Geschichten Beispiele für beiderlei: Sie sollen zeigen, wie weit man in bestimmten pädagogischen Handlungssituationen mit einem bestimmten Problemlösungsmuster kommen kann, und sie belegen, wie vielfältig unterschiedliche Problemlösungsmuster sein können.

Am Ende dieses Bandes werden wir Ihnen noch einiges mehr zu unseren didaktischen Grundüberlegungen und Erfahrungen mitteilen.

2. Die Geschichten aus der Praxis

2.1 Erzieherin sein – aber welche?

2.1.1 Kontakt knüpfen

Die Handlungsweise „Kontakt knüpfen" ist sicher kompliziert, aber sie macht auch Spaß. Kontaktknüpfen ist besonders wichtig, da es die Voraussetzung für jedes pädagogische Handeln ist.

Eigene Vorüberlegungen zum Thema:

Zuerst sollten Sie für sich ganz kurz notieren, wie Sie gewöhnlich mit Kindern und Jugendlichen Kontakt aufnehmen. Sie sollten reflektieren, ob Sie eher verbale oder nonverbale „Wege" beschreiten, ob sie mit den Adressaten „quatschen", mit den Adressaten handeln usw.
Nach der Auseinandersetzung mit den Geschichten der Praktikanten sollten Sie einen Vergleich ziehen und überlegen, ob Sie aus den Erfahrungen der Praktikanten und ihren Reflexionen etwas lernen und Ihr eigenes Handeln eventuell bereichern können.

Text 1 – Gisela: »Zuerst war ich sehr glücklich, Kontakt geknüpft zu haben.«

Bearbeitungspunkte

1. Verfolgen Sie genau das Handeln der Praktikantin und ihre Reflexion, und beschreiben Sie, wie die Praktikantin ihre Rolle im Kontakt zu den Kindern und als zukünftige Erzieherin sieht.
2. Die Praktikantin beurteilt sich sehr kritisch – wie schätzen Sie selbst das Handeln der Praktikantin ein?
3. In der Auseinandersetzung mit anderen ist es oft leicht, „gute Ratschläge" zu geben, das veränderte Verhalten ist oft schwieriger. Versuchen Sie deshalb entweder in der Lerngruppe, als Rollenspiel oder allein, indem Sie den Text weiterschreiben, ab der mit ➔ markierten Stelle eine andere Geschichte zu entwickeln, d.h. real zu konstruieren, wie die Praktikantin sich auch hätte verhalten können.

»Es war mein erster Tag in der grünen Gruppe. Es war ein gemütlicher Raum, in Grün gehalten, der allerdings, wie ich fand, durch seine vielen verschiedenen Spielbereiche schwerer zu überblicken ist. Von der Erzieherin erfuhr ich, daß vor kurzem eine Arztecke eingerichtet wurde, die aus einem Behandlungsplatz und einer Anmeldung bestand. Diese Arztecke war bei den Kindern sehr beliebt. Der Behandlungsplatz bestand aus einer Luftmatratze, einem Ärztekoffer, Puder, Creme und einer Flasche mit Wasser. Die Anmeldung bestand aus einem Tisch, einem Stuhl, einem funktionstüchtigen Telefon (nicht angeschlossen), Karteikarten und Stiften. Nach ca. einer Stunde waren so ziemlich alle Kinder angekommen, doch von dem genannten Ansturm auf die Praktikanten spürte ich nichts. Ich wurde überhaupt nicht beachtet.

So beschränkte ich mich zuerst aufs Beobachten. Doch dann hatte ich das Gefühl, mitten in dem bunten Treiben ein bißchen mehr dazugehören zu wollen.

Aber wie?
Ich war schrecklich unsicher.

Mir ein Spiel nehmen wollte ich nicht, weil alle Kinder beschäftigt waren und ich sie deshalb nicht stören wollte. Dann fiel mir die Arztecke auf, in der zwei Mädchen spielten, sie suchten ständig neue „Kranke". Irgendwie kam mir die Idee, mich ins Spiel einzuschalten, was ich dann auch tat. Dies kostete mich sehr viel Überwindung, aber ich schaffte es doch irgendwie, in die Praxis zu gehen und zu sagen: „Ich habe sehr starke Schmerzen, könnte ich von Ihnen behandelt werden?" Die beiden Mädchen schauten sich ganz verdutzt an und fingen dann laut an zu lachen.

Dabei fiel mir dann ein drittes Mädchen auf, das auf der Matratze lag und gerade behandelt werden sollte. Das Mädchen in dem Arztkittel fragte dann, als sich das Gelächter gelegt hatte: „Wer bist du denn?" „Ich bin die Gisela und mache ab heute ein Praktikum hier." „Ach so." „Und wie heißt du?" fragte ich, froh, endlich Kontakt gefunden zu haben. „Ich bin Maren, das ist die Lea und das die Nadine" - und zeigte mit dem Finger auf die Liege.

➔ Ich sagte: „Aha" und wendete mich an Lea am Schreibtisch: „Kann denn jemand etwas gegen meine Schmerzen tun?" Lea nickte freundlich und schaute hilfesuchend zu Maren hinüber. Maren versicherte sofort: „Aber sicher doch, Madame", machte einen Knicks und beförderte Nadine kurzerhand von der Liege. Damit hatte ich nun wirklich nicht gerechnet. Nun werde ich auf die Liege gesetzt und nach Herzenslust verarztet. Immer wieder Puder, Creme und Wasser im Wechsel auf meinen Finger und dann verreiben. Nach einer halben Stunde hatte ich das Gefühl, daß andere Kinder auch gerne mal Patient sein wollten, und ich überlegte, wie ich den beiden mein Weggehen schonend beibringen konnte. Also sagte ich: „Frau Doktor, könnten Sie sich ein bißchen beeilen, weil ich für meine Eltern noch eine Kleinigkeit vom Markt mitbringen muß, und der schließt gleich." Maren antwortete: „Ja, natürlich, aber Sie müssen morgen wiederkommen." Ich versprach es und machte mir eine Notiz, um das Versprechen ja einzuhalten.

Reflexion

Zuerst war ich sehr glücklich, Kontakt geknüpft zu haben. Doch daß Maren Nadine so rücksichtslos von der Liege wegbeorderte, damit hatte ich nicht gerechnet. Ich hatte ein richtig schlechtes Gewissen.

In der Mittagspause habe ich mir dann Gedanken gemacht, was ich hätte anders machen können. Vielleicht war ich ein bißchen egoistisch und habe mit dem Gedanken, endlich Kontakt zu knüpfen, Nadine eigentlich selbst aus dem Spiel beordert. Also muß ich beim nächsten Mal meine Wünsche und Ziele zurückstecken und kann so mehr auf die Kinder eingehen.

Außerdem hätte ich die Situation auch damit retten können, indem ich Maren auf ihren Fehler aufmerksam gemacht hätte, durch Fragen wie: Ist der letzte Patient denn schon zu Ende behandelt? Oder: In einer echten Praxis muß ich immer länger im Wartesaal sitzen. Vielleicht hätte Maren dann Nadine nicht so schroff abgewiesen. Sicherlich fühlte sich Nadine durch das Nichtstun meinerseits unverstanden und zurückversetzt.

Jedenfalls muß ich in der nächst-ähnlichen Spielsituation sehr viel mehr beobachten und kann dann besser abschätzen, ob in einem Spiel für mich überhaupt noch Platz ist oder ob ich die Spielsituation nicht nur unnötig unterbreche oder gar beende, wie in dem oben genannten Beispiel, denn für Nadine war das Spiel ja beendet. Oft leiden darunter sicherlich die jüngeren oder schwächeren Kinder.

Als letztes möchte ich noch anführen, mein Ersteindruck von Maren, nämlich, daß sie ein selbstbewußtes, von den anderen akzeptiertes Kind ist, hat sich in den nächsten Tagen bei mir durch ihr weiteres Auftreten immer mehr verfestigt.«

Text 2 – Andy: »Das ist eine Rakete und sonst gar nichts.«

Bearbeitungspunkte

1. Lesen Sie den Text aufmerksam, und stellen Sie heraus, über welchen Weg der Praktikant zu dem Kind Kontakt knüpft.
2. Interpretieren Sie das Gesamtgeschehen und die Gedanken des Praktikanten, und verdeutlichen Sie, wie der Praktikant seine Rolle im Kontakt zu dem Kind und als zukünftiger Erzieher sieht.
3. Welche Ziele verfolgt der Praktikant in der Kommunikation mit dem Kind? Welche Normen und Werte werden deutlich?

»An dem ersten Praktikumstag war ich sehr aufgeregt, weil ich eigentlich gar nicht so recht wußte, was ich zu tun hätte. Da ich ein ausgesprochener Morgenmuffel bin und nur sehr langsam in Gang komme, hatte ich mir vorgenommen, mit guter Laune die Kinder zu mir zu „locken". Und ich mußte auch nicht lange warten bis das erste Kind mit mir spielte. Benjamin (5,7) saß an einem Tisch und versuchte mit Hilfe von Konstruktionsbausteinen etwas zu erstellen. Ich setzte mich zu ihm und wollte es ihm nachmachen. Ich stellte mich absichtlich nicht vor, weil das immer so förmlich in meinen Augen erscheint und die Distanz zwischen den Kindern und mir nur unnötig vergrößern würde. Und während wir so unsere Sachen erstellten, fragte ich ihn ganz nebenbei, wie er heißen würde. Darauf verriet er mir seinen Namen und fragte mich auch nach meinen. Der Junge arbeitete sehr konzentriert, und wir sprachen deshalb nur ein paar Sätze, wie zum Beispiel: „Gib mir mal einen gelben Baustein."

Das Erbauen dauerte ungefähr 15 Minuten, danach war Benjamin fertig: er hatte sein Werk immer wieder verändert und neue Steine hinzugefügt oder andere wieder weggenommen, und auch seine Farben ständig geändert, wie zum Beispiel Gelb in Rot und Blau in Weiß. Was mir aufgefallen ist, war, daß er entweder bewußt oder unbewußt die Farben Rot und Weiß bevorzugte. Die Bausteine bestehen aus geometrischen Formen, und man verbindet sie mit Hilfe von weißen Verbindungsstiften. Sie erscheinen im ersten Moment einfach zu konstruieren, jedoch in Wirklichkeit erfordert es eine Menge Geschick, den Steinen den richtigen Platz zu geben; da ich es selbst ausprobiert habe, kann ich das ganz gut beurteilen.

Als wir nun endlich fertig waren, fragte ich ihn: „Und jetzt erzähl mir mal, was du gebaut hast." Er meinte ganz stolz und selbstzufrieden: „Das ist eine Rakete, und so startet sie." Und Benjamin zeigte mir seine Rakete in allen verschiedenen Positionen und ging bei jeder Bewegung richtig mit. Ich schaute ihm bewundernd zu, wollte aber wissen, ob er nicht auch etwas anderes sehen könne. Er schaute mich nur ungläubig an, und ich glaubte, er wußte gar nicht so recht, was ich von ihm wollte. Deshalb sagte Benjamin : „Das ist eine Rakete und sonst gar nichts." Ich aber konnte noch etwas anderes erkennen, und darum meinte ich zu ihm nicht ganz ohne Hintergedanken: „Ich erkenne aber etwas anderes, schau mal die beiden Flügel an. Ich erkenne einen Schmetterling mit roten Flügeln und weißen Fühlern. Stell dir mal vor, wie toll der in der Sonne fliegen würde." Benjamin war total empört und sagte: „Du spinnst wohl, seit wann haben Schmetterlinge denn Düsen", und er zeigte auf zwei Stifte, die unterhalb des Bauches befestigt waren. Man hätte aber auch mit viel Fantasie sagen können, daß diese Stifte Fühler sein könnten. Ich erklärte ihm meine Ansicht, doch er war von seiner Blickrichtung nicht abzubringen. Und deshalb versuchte ich ihn ein bißchen auszufragen: „Hast du Raketen schon mal irgendwo gesehen?" Er meinte ganz überlegen: „Im Fernsehen habe ich schon sowas gesehen." Damit beendete Benjamin das Gespräch, und er bombardierte mich ein paarmal und drehte dann zu seinen Kriegskameraden ab.«

Übergreifende Fragestellungen

Durch die Fragen an die Geschichten sollen besonders die folgenden Aspekte vertiefend behandelt werden:

- die kommunikative Kompetenz im Umgang mit den Adressaten, besonders die Fähigkeit zur Kontaktaufnahme
- die Entwicklung der Fähigkeit zur Wahrnehmung der Adressaten
- die Fähigkeit, über die Ziele der pädagogischen Arbeit zu reflektieren
- die Fähigkeit, die eigene Rolle als Erzieherin im Verhältnis zu den Adressaten zu thematisieren

1. Vergleichen Sie die unterschiedlichen Wege der Praktikanten, mit den Adressaten Kontakt aufzunehmen. Verdeutlichen Sie, inwiefern die Adressaten eine aktive Rolle übernehmen und die Art der Kontaktaufnahme ganz wesentlich mitprägen.

   Vergleichen Sie die Geschichten der Praktikanten und die Ergebnisse in der Lerngruppe mit Ihren eigenen Erfahrungen (vgl. Fragestellung S. 11), und halten Sie fest, wie Sie Ihre eigene Art der Kontaktaufnahme in Zukunft facettenreicher, d.h. auch erfolgreicher gestalten könnten.

2. Untersuchen Sie, inwiefern in dem Handeln der Praktikanten unterschiedliche Rollenkonzepte für die Erzieher- bzw. Erzieherinnenrolle deutlich werden.

   Versuchen Sie evtl. eine bildliche Darstellung der unterschiedlichen Rollen.

   Überprüfen Sie für sich selbst, wie Sie sich in der Erzieher- bzw. Erzieherinnenrolle sehen. Versuchen Sie auch hier eine bildliche Darstellung.

3. Stellen Sie heraus, welches Bild vom Adressaten die Praktikanten jeweils entwerfen und welche Ziele sie mit ihrem Handeln verfolgen.

   Halten Sie selbst Ihre eigenen Ziele im Umgang mit Adressaten fest.

2.1.2 Sich durchsetzen

Mit Absicht wurde zuerst eine Handlungsweise, nämlich das „Kontaktknüpfen", gewählt, welches bei Ihnen vielleicht auch ein wenig Angst hervorruft, aber sicher insgesamt positiv gesehen wird. Jetzt wenden wir uns einem Thema zu, welches innerhalb der Ausbildung, aber auch später im Beruf immer wieder mit großen Konflikten verbunden ist: „etwas verbieten oder etwas durchsetzen".

Gerade bei der Auseinandersetzung mit dieser Handlungsweise werden Sie prüfen müssen, ob Sie bereit sind, in die Rolle des Erziehenden zu „schlüpfen", d.h. diese Rolle auch dann zu übernehmen, wenn Sie ein Handeln erfordert, welches Sie evtl. nicht so einfach mit Ihrer Identität verknüpfen können.

Eigene Vorüberlegungen zum Thema

Schreiben Sie ganz kurz Ihre eigenen Gedanken und Assoziationen zu dem Thema „Verbieten / sich durchsetzen" auf, da es darum geht, in der Auseinandersetzung mit den Erfahrungen der anderen Ihre eigenen Handlungsmöglichkeiten zu erweitern.

Interessant ist auch, wenn Sie aufschreiben, wie Sie selbst Verbote in Ihrer Kindheit oder auch heute erleben, unter welchen Bedingungen Sie bereit sind, diese Verbote zu akzeptieren usw., da Ihnen diese Überlegungen eine Perspektive eröffnen, auch die Adressaten in der pädagogischen Praxis zu verstehen.

Text 3 – Detlef: »Darf Jens mitspielen?«

Bearbeitungspunkte

1. Arbeiten Sie zuerst heraus, zwischen welchen Personen die Auseinandersetzung stattfindet. Verdeutlichen Sie, welche Positionen die Beteiligten vertreten.
2. Reflektieren Sie genau das Handeln des Praktikanten, und verdeutlichen Sie, wie die Situation entsteht. Halten Sie auch fest, welche Aspekte des Handelns des Praktikanten Ihnen gut gefallen.
3. In der Reflexion des Praktikanten wird deutlich, daß er nicht ganz „glücklich" ist mit seinem Verhalten. Diese Kritik sollten Sie zum Anlaß nehmen, um sich noch einmal anders mit der Szene auseinanderzusetzen:
   - Arbeitsmethode in der Lerngruppe:
     Die Szene endet an der ➔-Markierung. Sie verteilen die unterschiedlichen Rollen und entwickeln die Szene in einem Rollenspiel weiter. Wenn Sie wollen, können Sie vorher gemeinsam ein Ziel festlegen.
   - Arbeitsmethode zu Hause:
     Die Szene endet an der ➔-Markierung. Sie schreiben ab dieser Stelle eine „neue Geschichte". Sinnvoll ist es, wenn Sie vorher ein Ziel für sich formulieren und überlegen, durch welches Handeln und Verhalten Sie dieses Ziel erreichen könnten.

»Es war in meiner ersten Praktikumswoche an einem Vormittag. Nachdem ich mit einigen Kindern auf dem Spielteppich gespielt hatte, fragten mich Anja (3,11) und Manuela (4,0), ob ich mit ihnen das Brettmemory spielen würde. Ich sagte zu. Als Matthias (4,6) fragte, ob er mitspielen dürfe, sagte ich, er sollte Anja und Manuela fragen, da die sich das Spiel ausgesucht hatten und demnach auch bestimmen dürfen, wer und ob überhaupt noch jemand mitspielen darf. Bei Matthias hätte es auch keinen Grund gegeben, ihn aus besonderen Gründen (Kontaktschwierigkeiten etc.) mit ins Spiel einzubeziehen. Doch Anja und Manuela erlaubten ihm mitzuspielen. Wir waren also vier Personen, die eigentlich für dieses Spiel, das man normalerweise zu zweit spielt, viel zu viele waren. Aber wir wollten es versuchen. Wir hatten schon angefangen, als Jens (5,1), Matthias' bester Freund, ankam und fragte, ob er mitspielen dürfe. Ich erklärte ihm, daß wir erstens schon angefangen hatten und zweitens schon zu viele waren. „Borr", sagt Jens und setzte sich mit auf Matthias' Stuhl. „Jens, ich habe dir doch gerade gesagt, daß wir schon angefangen haben (was normalerweise eine feststehende Regel ist und bedeutet, daß derjenige warten muß, bis zu Ende gespielt wurde). Außerdem paßt an diesen Tisch auch kein Stuhl mehr!" Der Tisch war so schon ziemlich klein, und noch eine Person mehr hätte uns überhaupt keinen Platz mehr gelassen. Jens gab nicht auf. Er legte sich quer über den Tisch auf unser Spiel und hielt die Teile fest. „Ich will aber mitspielen." Matthias bot sich nun an, ihn auf seinem Stuhl sitzen zu lassen. Mit dem Argument, wir hätten keinen Platz mehr, konnte ich also nicht mehr kommen. Also versuchte ich ihm zu erklären, daß er Matthias so beim Spielen stören würde, doch der sagte gleich: „Nöö." Wie sich das für Freunde gehört."

➔ Ich dachte jedoch immer noch nicht daran, ihn mitspielen zu lassen. Das Spiel würde so schon chaotisch genug werden! Ich bat ihn zu gehen, versprach ihm, sofort danach ein Spiel mit ihm zu machen, doch es half nichts. Als er schließlich aus lauter Wut anfing, mit seinen Fäusten auf meinen Händen rumzuhauen, redete ich immer noch ganz ruhig mit ihm, ließ meine Hände jedoch liegen. „Du, wenn du böse auf mich bist, weil ich nicht möchte, daß du mitspielst, brauchst du mich nicht zu hauen. Du kannst mir das auch sagen. Ich habe dir ja erklärt, warum es nicht geht. Das ist nicht böse gemeint." Er gab immer noch keine Ruhe. Die anderen Kinder wurden schon ungeduldig, und Anja sagte: „Er kann doch mitspielen." Und die anderen sagten: „Genau." Ich wußte nicht mehr, was ich machen soll. War es wirklich Grund genug, ihn mitspielen zu lassen? Ich dachte mir schließlich, man könne es ja mal versuchen. Der Versuch endete jedoch chaotisch. Es kehrte keine Ruhe ins Spiel ein, und keiner wußte, wann er dran war. Es wurde nur herumgealbert. Vor allem Jens und Matthias übertrieben es wie immer . . .

Reflexion

Es war eine völlig falsche Entscheidung von mir, Jens zu erlauben, mitzuspielen. Ich glaube, ich habe mich in meiner Hilflosigkeit und Ratlosigkeit von den Kindern überrumpeln lassen, die die Situation wohl nicht so eng sahen und meine Reaktion scheinbar nicht verstanden, denn ansonsten hätten sie wohl eingesehen, daß sich so nicht spielen läßt. Ich hätte mir gleich denken müssen, daß bei Matthias und Jens nicht viel bei rumkommt. Ich glaube sogar, der Reiz lag für Jens nicht mehr beim Mitspielen, sondern vielmehr da, auszuprobieren, ob es klappt und wie weit er gehen kann. Wie man sieht, war er der Sieger. Jens sollte vielmehr lernen, nicht immer überall dabeisein zu müssen, wo Matthias dabei ist. Solche Situationen kamen nämlich noch häufiger in meinem Praktikum vor, daß Jens nicht zusehen konnte, wenn Matthias etwas mit anderen macht. Jens hat gemerkt, wo mein schwacher Punkt ist. Nämlich das Durchsetzen. Dieses hat er ausgenutzt. Und als er auch noch die anderen Kinder auf seiner Seite hatte, war die „Schlacht" schon so gut wie gewonnen. Anfangs schwor ich mir, hart zu bleiben, da ich mir ungefähr ausmalen konnte, wie das Spiel verlaufen würde, doch als auch die anderen Kinder meinten, es wäre nicht so schlimm, wenn auch er noch mitspielen würde, wußte ich nicht, wie ich mich verhalten sollte. Außerdem störte es mich ziemlich, daß Sabine (die Leiterin), die kurz in die Gruppe kam, bei dem ganzen Spektakel seelenruhig zusah. Ich fühlte mich beobachtet und zweifelte an meiner Entscheidung, ihn nicht mitspielen zu lassen. Sah ich das viel zu eng? Diese Situation war mir auch völlig fremd. Ich meine, daß ein Kind so einen Aufstand macht. Bisher war es immer gut, wenn ich erklärte, warum es nicht ging. Ich erfuhr von der Erzieherin, daß Jens öfter so ausartet und schlägt und tritt, ab und zu auch beißt, wenn er seinen Willen nicht kriegt. Ich glaube, spätestens als er mich schlug, hätte ich ihn nehmen sollen und wegsetzen sollen. Obwohl mir diese Methode, die mir bei unserer zweiten Erzieherin einmal böse aufstieß, ziemlich mißfällt. Ich wollte nicht so grob sein und einfach ein Kind schnappen und wegsetzen. Ich versuchte es vielmehr immer mit Reden, auch wenn ich manchmal schon Fransen am Mund hatte. Doch manchmal hilft eben auch kein Reden mehr. Das habe ich mittlerweile gelernt. In bezug auf Jens bin ich nun etwas abgehärteter geworden. Mittlerweile bin ich so weit, daß ich ihn wirklich wegsetze oder aus dem Raum schmeiße, wenn er nicht hört und gewalttätig wird. Und das wirkt erstaunlicherweise wirklich. Ich dachte früher immer, das Kind ist mir jetzt bis auf meinen Lebtag böse, doch meistens haben sie es nach ein paar Minuten schon vergessen und kommen von selbst wieder an. Außerdem lernen sie so ihre Grenzen kennen und merken, daß sie sich nicht alles erlauben können.«

Text 4 – Hannelore: »Das mit dem Puzzle war doch keine gute Idee.«

Bearbeitungspunkte

1. Arbeiten Sie heraus, von welchen Personen die Situation beeinflußt wird. In welcher Situation befinden sich die einzelnen Personen?
2. Verdeutlichen Sie die Konfliktlage der Praktikantin.
3. Welches Ziel verfolgt die Praktikantin in der beschriebenen Situation? Welches Selbstverständnis, d.h. welche Rollendefinition, wird in der Reflexion deutlich?

»Die gesamte Gruppe ist draußen, die Kinder spielen frei. Sandspielzeug ist keins da, weil die Wetterverhältnisse dafür nicht gut genug sind. Alex (5,5) und Oliver (5,2) haben trotz Verbot unserer Gruppenleiterin ein Auto (ihr eigenes) mit herausgebracht. Sie dürfen darum nicht länger draußen bleiben. Mehr weiß ich in diesem Moment über die vorangegangenen Geschehnisse nicht, weil Aynur, meine Gruppenleiterin, mich nur kurz informiert (sie muß auf die restlichen Kinder achten) und mich bittet, mit Alex und Oliver in den Gruppenraum zurückzugehen, weil dieser vom Außengelände aus nicht einsehbar ist.

Die beiden sind schon vorgelaufen in den Gruppenraum, als ich dazukomme, es befindet sich auch noch Sabine (6,1) darin, die aus gesundheitlichen Gründen nicht mit herausgehen konnte. Sabine spielt an einem Tisch ein Puzzlespiel, im Raum selber steht noch der Stuhlkreis, weil wir vor dem Rausgehen noch im Morgenkreis gesessen hatten und wir zum Abschluß noch im Schlußkreis zusammensitzen wollen. Alex und Oliver wollen auch Puzzle spielen. Ich sage: „Okay, nehmt euch ein Spiel." Dann fällt mir ein: „O je, was hast du jetzt gemacht?" Erstens sind die beiden zur Strafe im Gruppenraum, und wenn sie jetzt ein Spiel spielen dürfen, ist das ja keine Strafe. Außerdem müßte ich den Stuhlkreis auseinanderbauen, denn für Alex und Oliver sind keine Stühle am Tisch. Ich denke, ich kann ihnen jetzt nicht verbieten, was ich ihnen vorher erlaubt habe. Ich kann die Situation aber auch nicht so stehen lassen, weil ich sonst Aynurs Konsequenz aus dem Fehlverhalten der Kinder unterbinde: Solche Gedanken schießen mir durch den Kopf. Also sage ich: „Hört mal, ich glaube, das mit dem Puzzeln ist doch keine so gute Idee." Alex: „Aber ich will das hier machen." „Na, wenn, dann nur ein kleines, und das macht ihr dann zusammen." Die beiden Jungen nehmen sich ein Puzzlespiel. Irgendwie ist das auch nicht das, was ich erreichen wollte. Also sage ich: „Nein, laßt das doch lieber sein, es ist gar nicht genug Platz da, außerdem kommen die anderen gleich wieder rein. Legt das Puzzlespiel wieder hin."

Oliver legt das Spiel auch ohne Widerspruch hin und setzt sich in den Stuhlkreis. Alex bleibt aber neben dem Schrank mit dem Puzzlespielen stehen und guckt sehr sauer. Ich sage: „Alex, setze dich bitte auch hin." Er schreit mich an: „Laß mich in Ruhe!" Ich antworte in ruhigem Tonfall: „Alex, rede bitte nicht so unfreundlich mit mir, ich rede auch nicht so mit dir. Es war jetzt ein Fehler von mir, daß ich gesagt habe, ihr dürft puzzeln. Ich habe das nicht gemacht, weil ich dich ärgern wollte, ich habe nicht richtig überlegt. Erstens ist zum Puzzeln nicht genug Platz da, und außerdem kommen die anderen gleich rein. Ich wollte euch nicht ärgern, ich habe mich nur vertan. Erwachsene machen auch mal Fehler." Während meines langen Vortrages hat Alex sich schon hingesetzt. Er fängt an, mit Oliver ein Spiel zu spielen, das sie wahrscheinlich aus dem Stuhlkreis kennen. Ich sehe es zum ersten Mal, aber sie zeigen es mir und lassen mich nach einiger Zeit mitspielen, auch Sabine darf mitspielen. Ich lasse es zu, weil ich nicht noch mehr verderben will. Beide sind aber nicht mehr sauer.«

Übergreifende Fragestellungen

1. Beschreiben Sie, inwiefern die zwei Praktikanten in den Geschichten die Erzieher- bzw. Erzieherinnenrolle übernehmen. Verdeutlichen Sie jeweils, welche Stärken und welche Schwächen in dem Handeln der Praktikanten deutlich werden.
2. Überprüfen Sie, welches Selbstkonzept die Praktikanten im Umgang mit den Adressaten haben: Wollen sie eher Freund bzw. Freundin sein, Berater, Pädagoge usw.
3. Versetzen Sie sich in die Rolle des Adressaten, und reflektieren Sie, welche Gefühle durch das Handeln der Praktikanten bei den Adressaten ausgelöst werden könnten.
4. Überprüfen Sie möglichst genau, wie Auseinandersetzungen mit Erwachsenen und Verbote auf Sie als Kind gewirkt haben, und fragen Sie sich, ob diese Kindheitserlebnisse evtl. Einfluß haben auf ihr pädagogisches Handeln.
5. Zu Beginn dieses Kapitels haben Sie selbst Ihre Gedanken und Einstellungen zu dem Thema „verbieten, sich durchsetzen" aufgeschrieben. Vielleicht haben Sie sich in den Fallbeispielen der Praktikanten selbst wiederentdeckt. Evtl. haben Sie auch in Rollenspielen in der Lerngruppe veränderte Verhaltensmöglichkeiten erprobt.

Nach der Bearbeitung der Fragestellungen sollten Sie nun abschließend Bilanz ziehen, inwiefern sich Ihre Verhaltensmöglichkeiten in dem Bereich „verbieten/sich durchsetzen" erweitert haben.

Auswertung der Texte und Reflexionen im Hinblick auf die Entwicklungsaufgabe I: Entwicklung einer Vorstellung von der eigenen zukünftigen Berufsrolle

Arbeiten Sie heraus, inwiefern in den einzelnen Geschichten aus der Praxis die übergreifende Lösung dieser Entwicklungsaufgabe deutlich wird: „Ich kann Erzieher/Erzieherin werden, weil ich lernen kann, was ich lernen muß und lernen will."

Informieren Sie sich auf Seite 68 dieses Buches über die Aspekte der Entwicklungsaufgabe I. Halten Sie für sich selbst fest, an welchen Aspekten Sie selbst verstärkt arbeiten wollen.

2.2 Kinder und Jugendliche wahrnehmen – wie interessant?

2.2.1 Kinder und Jugendliche sind komplexe Persönlichkeiten.

Sicherlich kennen Sie aus Ihrer pädagogischen Praxis oder aus dem Alltag Situationen, in denen das Handeln eines Kindes oder das spezifische Verhalten einer Gruppe Sie vor große Handlungs- und Verstehensprobleme stellt. Weil die Situation es erfordert, sind Sie trotzdem in der Regel gezwungen, sich diesem Kind oder dieser Gruppe gegenüber zu verhalten, auch wenn Sie dann das Gefühl haben, daß dieses Handeln pädagogisch unzulänglich war. Häufig werden Sie in solchen Situationen traditionell tätig (wie Sie es selbst erlernt haben) oder greifen auf „eingefahrene" Verhaltensmuster zurück (die sich in ähnlichen Situationen „bewährt" haben).
Damit Sie neue pädagogische Wege einschlagen und eine komplexe Sichtweise von dem Kind oder der Gruppe entwickeln können, müssen Sie erziehungswissenschaftliche Theorie heranziehen und eine möglichst objektive Interpretation anstreben.

Eigene Vorüberlegungen zum Thema

Im folgenden finden Sie drei von Praktikanten bzw. Praktikantinnen vorgenommene Diagnosen bzw. Schilderungen der Persönlichkeit eines Kindes / Jugendlichen. Halten Sie – bevor Sie näher auf die Texte eingehen – bitte fest, welche Verhaltensweisen und Eigenarten Sie bei Kindern und Jugendlichen sowie bei Cliquen besonders bemerkenswert finden. Unterscheiden Sie dabei nach positiv besetztem Interesse (Faszination, Neugierde, Bewunderung, Verständnis etc.) und negativ besetztem Interesse (Angst, Abneigung, Unverständnis etc.).
Wenn Sie Ihre subjektive Meinung auf diese Art und Weise zunächst für sich geklärt haben, fällt es Ihnen leichter nachzuvollziehen, inwieweit der „subjektive Faktor" auch in den folgenden Fallbeispielen von Relevanz ist. Beurteilen Sie deshalb bitte jeden Text im Hinblick auf die gelungene „Objektivierung" der persönlichen Wahrnehmung der Praktikantinnen mit Hilfe von erziehungswissenschaftlicher Theorie.

Text 5 – Bärbel: »Cecil will auch mitspielen.«

Bearbeitungspunkte

1. Vollziehen Sie nach, welche erziehungswissenschaftlichen Theoriekonzepte die Praktikantin anwendet.
2. Versetzen Sie sich nacheinander in die Rolle eines Psychoanalytikers, eines Lerntheoretikers, eines kritischen Rollentheoretikers, eines Entwicklungspsychologen und eines Soziologen, und überprüfen Sie aus dieser jeweiligen wissenschaftlichen Sicht heraus die Analyse der Praktikantin.
   Ergänzen Sie die entsprechenden Erklärungsansätze.

»Es ist 11.40 Uhr, als die Kinder von draußen den Gruppenraum betreten, um an dem Schlußkreis teilzunehmen. Die Stühle stehen bereits in Kreisform, als die Kinder ihre Jacken aufhängen und anschließend einen Sitzplatz im Kreis finden. Wir haben bereits einige gewünschte Kreisspiele gespielt; als die nächste Spielrunde beginnt, macht Bianka einen Spielvorschlag, „den dicken Tanzbären" zu spielen. Dieser wird angenommen.

Selma beginnt als erste mit dem Tanzbären. Cecil (5,4 Jahre) sitzt diagonal gegenüber meinem Sitzplatz. Ich beobachte, wie besonders groß seine Aufregung ist, er auf seinem Stuhl hin und her rutscht und seine Augen weitgeöffnet mit Spannung darauf warten, auch am Spiel teilzunehmen.

Es stehen bereits einige Kinder auf der Tanzfläche und zeigen durch Lachen, Tanzbewegungen ihre Freude am Spiel. Cecil rutscht immer noch auf seinem Stuhl, und seine Aufregung wird größer, als das Spiel die Szene erreicht, in dem die Kinder, die auf der Tanzfläche stehen, ihre Tanzpartner wählen. Als sich die Kinder für ihren Partner umschauen, steht Cecil auf, haut ein Kind, das sich in seiner Nähe befand, auf die Schulter, wobei er verwirrt das Kind anschaut und sagt: „Ich, ich, ich auch." N. dreht sich erschrocken mit einem Zucken um, schaut Cecil an und schüttelt kurz mit dem Kopf, wobei sie sich schnell zum anderen Kind hindreht und es als Tanzpartner wählt. Cecil trampelt darauf heftig auf den Boden, wobei er einen entsetzten, wütenden Gesichtsausdruck macht. Er dreht sich dann schnell zu einem anderen Kind hin, haut es auf die Schulter und wiederholt den Satz: „Ich, ich, ich auch." Wobei aber auch dieses Kind einen Tanzpartner gewählt hatte und das Spiel weitergehen mußte. Als Cecil noch auf der Kreisfläche stand, sagte ich mit normaler Stimme: „Cecil, setz dich bitte wieder hin. Bei der nächsten Runde kommst du auch bestimmt dran."

Cecil setzte sich mit abwartendem Blick auf seinen Platz. Die Kinder singen und gehen dabei im Kreis, bis es wieder soweit ist und die Wahlszene beginnt, wo die Kinder stehenbleiben und überlegen, welchen Partner sie wählen.

Ich zeige auf Cecil und sage motivierend: „Schau mal, Cecil ist auch noch frei und wartet auf einen Tanzbären." Als die Kinder dies hören, reagieren sie nicht, sondern schauen sich nach anderen Kindern um. Darauf spreche ich Christoph, der unmittelbar neben mir steht und sich umschaut, an: „Hey, du Tanzbär, hier ist auch ein Tanzbär", zeige auf Cecil, der nicht weit entfernt sitzt, „der gern mit dir tanzen will." Christoph schüttelt darauf mit dem Kopf und sagt: „Nein, ich habe schon jemand anderes" und geht auf O. zu. Cecil schaut unverständlich Christoph an, ich knie mich auf den Boden und sage: „Ich bin ein Tanzbär, der einen Freund sucht", reiche ihm die Hände. Cecil lächelt, gibt mir seine Hände und tanzt mit summender Stimme.

Ich habe diese Szene beschrieben, weil hier Handlungsweisen deutlich werden, die meine Beziehung zur Gruppe und zum einzelnen Kind schildern, und eine Handlungsweise ist, die auch vom Handlungsplan ausgeht (mit einem anderen Kind).

Diese beschriebene Problemsituation ist durch ein bestimmtes Verhalten des einzelnen Kindes zur Gruppe entstanden, das nicht durch eine Handlungsweise, Handlungseingriff zu lösen ist, sondern dauerhafte Wiederholungen von bestimmten Handlungskompetenzen (zum einzelnen Kind, der Gruppe) erfordert.

In der beschriebenen Situation wird durch Handlungen auf ein Ziel (für das Kind einen Tanzpartner finden bzw. andere Kinder zu diesem Schritt motivieren) gelenkt, wobei dieses Ziel nicht erreicht wird. Um diese Situation erfolgreich zu lösen, sind Handlungsweisen, wie schon erwähnt, über längere Zeit notwendig.

Bevor ich das Handeln in der Situation begründe, will ich darauf aufmerksam machen, daß Szenen sich durch die genauere Beschreibung lang anhören, sie aber Reaktionen von kurzen Momenten sind. Als ich Cecils Aufregung zu Beginn des Spiels sah, merkte ich, daß er natürlich den Wunsch hat, auch an diesem Spiel teilzunehmen. Bei diesem Spiel darf sich jedes Kind seinen Freund selber aussuchen, mit dem es gerne tanzen möchte, so daß ich in den ersten Spielrunden die Wahl den Kindern überlassen habe. Als bereits mehrere Kinder auf der Kreisfläche standen, war mir von vielen Situationen deutlich, daß sich Cecil kein Kind als Freund aussuchen würde. Ich habe zunächst auf Cecil, der ja noch frei war bei der Wahlszene, aufmerksam gemacht, wobei ich mit motivierender Stimme redete, um den anderen Kindern zu zeigen, daß ich Cecil genauso wie die anderen Kinder als Gruppenmitglied akzeptiere. Durch mein Handeln sprach ich ihm auch einen Machtanteil zu. Als die Kinder nicht darauf reagierten und Cecil durch so eine Situation (daß keiner mit ihm spielen will) in seiner Rolle als Außenseiter bestärkt wurde, fand ich es sehr wichtig, diese Bestärkung nicht zu gewähren.

Ich versuchte aus diesem Grund ein Kind direkt aufmerksam zu machen, wobei ich Christoph angesprochen habe, weil er sehr schnell zu motivieren ist und froh darüber ist, wenn er Spielpartner hat. Mit dem direkten Ansprechen sollte das Kind sich angesprochen fühlen, was die mehreren Kinder im Kreis beim Aufmerksammachen nicht aufgenommen haben. Als auch Christoph sich quasi weigerte und ein anderes Kind auswählte, übernahm ich die Rolle des Kindes, um ihn so doch noch in die Gruppe bzw. ins Spielgeschehen zu integrieren.

Ich habe nicht sofort diese Rolle übernommen, um zuerst das Agieren von Cecil und anderen Kindern zu erzielen bzw. zu ermöglichen. Als dies jedoch in der Situation nicht gelang und ich die Kinder nicht manipulieren will und Cecil auch in seiner Rolle ja nicht bestärkt werden soll, griff ich zum Ende des Spiels so ein, daß ich eine Rolle übernahm und den Kindern dabei nochmal zeige, daß ich ihm auch einen Machtanteil gebe. Die anderen Kindern werden durch solches Handeln dann auch einen Machtanteil Cecil überlassen. Was dann dazu führen kann, daß er integriert wird, denn mein Verhalten überträgt sich auf die Kinder.

Dieses Verhalten der Gruppe zu Cecil ist eine Auswirkung durch das Verhalten bzw. Handeln von ihm, womit er sich aber nicht so schnell auseinandersetzen kann (siehe spätere Erklärung) und Konsequenzen, wie die, daß andere Kind nicht mit ihm spielen wollte, nicht versteht, denn für ihn ist ja sein Verhalten (auch wenn er andere Kinder haut) in Ordnung und auch oft nicht bewußt.

Mein übergreifendes Ziel in der Situation war, Cecil in die Gruppe bzw. das Spielgeschehen zu integrieren. Zu genaueren Beschreibung und Erklärung für sein Verhalten: Cecil ist 5,4 Jahre alt, kommt aus Sri Lanka und besucht seit ca. 4 Monaten den KG. Er spricht einige Sätze deutsch und kann Bedürfnisse durch Worte oder nonverbal äußern. Für sein Alter ist er groß und sehr kräftig gebaut. Für seine Fähigkeiten dem Alter entsprechend zeigt er kleine Defizite (z. B. beim Malen). Zusammenhänge werden gut verstanden, aber wegen der fehlenden Deutschkenntnisse nicht eindeutig wiedergegeben (z. B. wenn er von seiner Familie oder eine ihn betreffende Situation erzählt).

Er zeigt oft großes Mitteilungsbedürfnis, das jedoch durch die schon genannten fehlenden Deutschkenntnisse nicht von Gesprächspartnern verstanden wird. Er zeigt auch oft einen großen Bewegungsdrang, z. B. rennt er durch den Raum und tritt in die Luft und singt Lieder von Night Rider, wobei er in solchen Situationen keine anderen Dinge wahrnimmt und unkontrolliert, unbewußt beim Bewegen andere Kinder kneift, tritt und deren Reaktionen darauf, z. B. weinen, auch nicht wahrnimmt, um es genau zu beschreiben. Er haut die anderen Kinder in solchen Situationen, nicht um sich durchzusetzen, sondern eher unbewußt, weil er sich in einem Zustand befindet, in dem seine ganze Wahrnehmung (Hände, Beine, . . .) unkontrolliert ist. Gegenüber Materialien zeigt er oft eine geringschätzende Haltung. Z. B. in der Puppenecke schmeißt er oft das Geschirr auf den Boden und weiß auch nicht, wie er damit spielen kann. In seiner Situation in der Puppenecke zeigt er ein sehr ängstliches Verhalten gegenüber Puppen. Beim Einleiten eines Rollenspiels spielten wir eine Essenssituation, wobei ich ihm eine Puppe zeigte und ihn bat, auf sie aufzupassen. Cecil schüttelte sehr erschrocken den Kopf, grinste etwas ironisch, zeigte mit der Hand einen zurückweisenden Wink, wobei er sagte: „Ne, ne, ne." Als ich es in einem anderen Rollenspiel wiederholte (Puppe reichen) änderte sich sein Verhalten nicht. In der Gruppe wird er von keinem Kind richtig akzeptiert und hat auch keine Spielpartner, obwohl er oft Kontakt zu anderen Kindern sucht, wobei er aber unzweckmäßig (z. B. kneifen . . .) handelt. Er wird von anderen Kindern ausgestoßen, wobei er ein großes Verlangen nach Aufmerksamkeit zeigt, dies nicht von den Kindern akzeptiert wird. Er versucht dann diese Aufmerksamkeit durch aggressives Verhalten zu bekommen, wie in dieser Situation. Zwei Kinder puzzeln. Er setzt sich dazu und nimmt ein Puzzleteil und macht den Versuch, es an den bereits angefertigten Teilen anzulegen, als die anderen Kinder sein Handeln direkt angreifen und ihm das Puzzleteil aus der Hand nehmen, worauf er sich nonverbal mit Treten durchsetzt. Solche Situationen treten häufig auf, so daß sehr oft Konflikte ausgelöst werden. Durch diese geschilderten Situationen will ich das Verhalten Cecil nahe bringen, um dann auf die Gründe einzugehen.

Zunächst befindet sich Cecil in schwierigen Lebensumständen, die Familie ist als Asylsuchende nach Deutschland gekommen, sie wohnen in einer sehr kleinen Wohnung. Er hat noch zwei Brüder im Säuglingsalter – Zwillinge. Als Asylsuchender darf der Vater nicht arbeiten und muß viele Anträge, Behördengänge klären und ist so in einer unbefriedigten Lage.

Die anderen Kulturen und schwierige Ausdrucksfähigkeit durch Mangel an Deutschkenntnissen erschweren diese Lage zusätzlich. Ich denke, daß die Eltern viele andere Probleme haben, mit denen sie sich auseinandersetzen müssen, und die Zwillinge genug Zeit erfordern. Cecil wird so vermutlich (nach den Verhaltensweisen im KG) wenig Zuwendung gegeben, weil er ja schon etwas größer ist als die Zwillinge und einfach nicht so richtig wahrgenommen wird. Wenn er auch zu Hause mit bestimmten Methoden nach Aufmerksamkeit drängt oder seinem Bewegungsdrang nachgehen will, kann er dem bestimmt nicht in der kleinen Wohnung nachgehen und wird durch das Fernsehen für die Eltern angenehm abgelenkt.

Wenn der Vater Cecil in den KG bringt, zeigt er eine sehr dirigierende Haltung. Auch beim Abholen aus dem KG nimmt er dieselbe Haltung ein, z. B. geduckte Haltung, sofortiges Reagieren auf Erwartungen des Vaters. Ich denke, daß er im KG alle Bedürfnisse (nach Freud: „Es") zu befriedigen versucht, was er zu Hause durch die Handlungen der Familie („Über-Ich"-Erwartungen) nicht erfüllen kann. Ich denke, daß er sein „Ich" nicht als Balance von „Über-Ich", „Es" halten kann, weil ja zu Hause das „Über-Ich" dieses „Es" unterdrückt und im KG eine andere Form des „Über-Ich" herrscht, (die Erzieher andere Erwartungen an ihn stellen) und dadurch dieses „Es" (was zu Hause unterdrückt wurde) im KG genau doppelt in Erscheinung tritt, sozusagen alle Bedürfnisse nachzuholen versucht.

Durch dieses Verhalten im KG wurde ihm die Rolle des Außenseiters zugeteilt, die er zwar oft durch die Kontaktsuche von sich wegdrücken will, weil er ja mit anderen Kindern spielen will, aber diese Kontaktsuche für die anderen Kinder unzweckmäßig angeht und dadurch immer wieder ausgestoßen wird. Durch die Mißerfolge bei der Kontaktsuche wählt er dann einen anderen Weg, indem er auf sich aufmerksam machen will und aggressiv handelt, wobei er die gewünschte Aufmerksamkeit erhält, z. B. wenn er sich mit Schlagen, Schreien . . . und für diesen Moment (Streitsituation) befriedigt und er es für sich als Problemlösung sieht, so daß solches Handeln sich oft wiederholt und für ihn auf Dauer ein Ausdrucks- bzw. Aufmerksamkeitsstil wird. Ich denke, daß durch den Erziehungsstil zu Hause auch keine Metakommunikation herrscht, sondern Sanktionen angewandt werden. Z. B. wie er auf seine Hand zeigte und „Papa hauen" sagte, was auch durch sein allgemeines Reagieren (beschriebene Situation) deutlich wird. Aus diesem Grund geht Cecil auch auf Gespräche nicht ein bzw. versteht sie nicht. Auf Erzieherverhalten reagiert er, wenn er klar und deutlich (durch Gestik, Mimik und Sprachweise) aufmerksam gemacht wird, was in diesem Fall wiederum auf das Handeln der Bezugsperson zurückzuführen ist, die möglicherweise konsequente Erwartungen an ihn stellt. Cecil zeigt ein größeres kindliches egoistisches Verhalten zu anderen Kindern, so daß oft erst das Eingreifen eines Erziehers den Konflikt wieder behebt. (Z. B. Spielzeug wegnehmen, andere vom Fahrrad schubsen.)

Dieses Verhalten kann damit zusammenhängen, daß er die Eifersucht (die jedes Kind hat, wenn es Geschwister bekommt), die zu Hause nicht geduldet wird, im KG auf andere Kinder projiziert und seine Aggression auslebt. Meine Verhaltensweisen zu Cecil versuchten zunächst die Defizite, die er durch den Erziehungsstil bekommen hat (z. B. die Auswirkung, Bedürfnis nach Aufmerksamkeit) zu befriedigen. Indem ich mich in vielen Situationen mit ihm auseinandersetzte und dabei ihm zeigte, daß ich ihn ernst nehme und zunächst dabei eine Beziehung zu ihm herstellte. Ich gab ihm die Zuwendung außerhalb von Konfliktsituationen und zeigte ihm so, daß er nicht durch Streitsituationen Aufmerksamkeit bekommen kann, sondern auch durch sein „normales Verhalten" von mir akzeptiert wird. Bei diesen Situationen versuchte ich, andere Kinder mit ins Geschehen einzubeziehen, um so eine Rollendistanz von Cecil auch anderen Kindern nahezubringen (Rolle des aggressiven Kindes – Rolle als Spielpartner).

Dies sollte zur besseren Verständigung diesen. Bei gemeinsamen Bilderbuchbetrachtungen oder Rollenspielen gelang mir dies so lange, bis ich mich in der Situation befand und Gespräche einleitete. Sobald ich die Kleingruppe wieder verließ, kam es oft wieder zum Konflikt, weil Cecil als Spielpartner ausgestoßen wurde und sich dadurch nonverbal durchsetzte. Solche Handlungsweisen, wie dieser Versuch der Integration durch Rollendistanz, müssen ständig und von langer Dauer wiederholt werden, um dann einen Erfolg zu erzielen.In einer Situation auf dem Hof (ein Kind umarmte mich; als Cecil dies sah, rannte er auch zu mir, umarmte mich auch) zeigte er mir, daß er bereits eine kleine Sicherheit hatte und die Aufmerksamkeit auch dann bekam, wenn er sie erwünschte und nicht durch Streit – Konfliktsituationen. Dieses Gefühl bei ihm versuchte ich in vielen Szenen auch bei anderen Kindern auszulösen, was jedoch eine längere Zeit erfordert. Ich zeigte ihm auch in Situationen, wo ich Handlungen von Cecil nicht akzeptierte, durch Gestik, Mimik, daß ich damit nicht einverstanden bin, und erklärte ihm die Gründe dafür, um so eine Verhaltensänderung zu erzielen. Ich versuchte, auch Handlungsalternativen vorzuschlagen und zeigte ihm auch, wie es noch möglich ist, z. B. zu einem Kind Kontakt aufzunehmen. Diese Handlungsweisen, benötigen lange Zeit, wobei ich ein Elterngespräch sehr entscheidend für sein Verhalten sehe. Das Elterngespräch kann dann dazu beitragen, wirklich Erfolgsergebnisse zu bekommen. Die Elternarbeit erfolgt durch die Zusammenarbeit der Gruppenleiterin und Eltern, was bereits läuft, aber nicht zu kurzfristigen Einsicht oder Kompromisbereitschaft der Eltern führt.«

Text 6 – Anke: »Peter spielt am liebsten Billard.«

Bearbeitungspunkte

1. Stellen Sie die geschilderten Persönlichkeitsmerkmale und Verhaltensweisen des Jugendlichen im Text heraus.
2. Interpretieren Sie diese Daten aus erziehungswissenschaftlicher Sicht, indem Sie auf die kritische Rollentheorie, die Psychoanalyse und die Lerntheorie zurückgreifen.
3. Skizzieren Sie ein pädagogisches Handlungskonzept, wodurch dem Jugendlichen geholfen werden kann, sich in die Gruppe zu integrieren.

»Fremdwahrnehmung: Diagnostizieren von Verhaltensweisen.

Peter ist einer der Besucher des Jugendzentrums, die regelmäßig kommen. Es kam während meiner Praktikumszeit sehr selten vor, daß er mal nicht da war.

Peter ist vierzehn Jahre alt, und obwohl er schon den Abendbereich besuchen könnte, kommt er nachmittags.

Wenn ich Peter mit anderen Vierzehnjährigen vergleiche, würde ich ihn für zehn durchgehen lassen.

Er hat blonde Haare und einen Kurzhaarschnitt, ist ungefähr 165 cm groß und schlank. Seine Haare sowie seine Kleidung sind immer tadellos.

Er ist zwar nie besonders modern gekleidet, fällt aber im Vergleich mit den anderen auf. Im großen und ganzen wirkt er durch Statur und Gang schlaksig.

Peter spielt am liebsten Billard, manchmal kickert er auch, aber nur selten spielt er Tischtennis. Andere Spiele werden von ihm nicht angerührt. An den wöchentlichen Aktivitäten (Kochen und Töpfern) nimmt er im Gegensatz zu fast allen anderen mit Begeisterung teil.

Peter ist ein schlechter Verlierer, das konnte ich immer wieder beim Billard beobachten. Er spielt sehr ernst und konzentriert, bis er merkt, daß er verliert, dann fängt er an, einfach die Kugeln über den Tisch zu stoßen, den Gegenspieler zu stören, oder er sagt, er hätte keine Lust mehr. Oft wird er dann ohne Grund wütend, schreit den anderen an, beschimpft ihn, droht mit den Mitarbeitern und wird auch handgreiflich. Aggressiv wurde er auch oft ohne einen für mich plausiblen Grund.

Einmal spielte er Billard, und Sascha lehnte sich gegen den Billardtisch. Es wackelte keine Kugel, und keiner der Mitspieler wurde behindert. Mit einem Mal schrie Peter Sascha an und schlug energisch mit dem Queue zu. Sascha ließ sich das natürlich nicht gefallen, schubste Peter unsanft weg und lehnte sich wieder gegen den Tisch. Peter schimpfte und zerrte an Sascha rum, bis er schließlich wutentbrannt den Erzieher zur Hilfe holte.

Ich habe nie gesehen, daß sich Peter mit irgend jemandem richtig geschlagen hat, seine Aggressionen wurden irgendwie meist hysterisch und hintenrum frei. Meist hat er sich an Jüngere gehalten, die er schubste, boxte oder mal ein Beinchen stellte.

Peter mußte immer überall dabei sein. In der zweiten Praktikumswoche machte ich mit den Kindern eine Backaktion.

Höchstens fünf Kinder sollten aus Platzgründen teilnehmen, und die fünf Kinder waren auch schon gefunden. Nun kam Peter an diesem Tag etwas später, sah die Zutaten auf dem Küchentisch stehen und fragte mich, ob er mitmachen könne. Meine Antwort war nein, und ich erklärte ihm auch warum. Sofort redete er auf mich ein und bat immer wieder mitzumachen. Ich erklärte ihm alles noch einmal. Da schrie er, daß ihn keiner leiden könnte und nie dürfe er mitmachen, warf einige Zutaten um und knallte die Tür hinter sich zu. Ich war geschockt, dachte aber, daß das jetzt erledigt sei. Er versuchte es aber ein zweites und drittes Mal – auch bei anderen Mitarbeitern. Als wir dann ohne ihn mit dem Backen anfingen, wollte er nicht aus der Küche und ärgerte die anderen Kinder. Schließlich wurde er von dem Erzieher nach draußen befördert.

Solche Szenen spielten sich immer wieder ab.

Hatte er etwas getöpfert, schmiß er es auf einmal ohne Grund in die nächste Ecke. Gebasteltes oder Gemaltes wurde einfach zerrissen.

Reflexion

Peter wird im Jugendzentrum von den älteren Besuchern des Nachmittagsbereiches nicht akzeptiert. Nur ganz selten, wenn kein anderer da ist, wird mit ihm gespielt. Er wird von ihnen häufig veräppelt, und das nicht zuletzt wegen seinem Sprachfehler und seiner Art, sich auszudrücken. Aber auch von den jüngeren Besuchern wird er aufgezogen, obwohl diese mehr Abstand zu ihm halten. Wenn Peter in Wut gerät, stehen ihm Tränen in den Augen, manchmal weint er auch. Oft wird er deshalb auch „Heulsuse" gerufen.

Peter hat eine bewegte Vergangenheit, und auch seine Gegenwart ist nicht die friedlichste.

Peters Eltern gehörten zum sozialen Brennpunkt, arbeitslos und Alkoholiker. Er kam in ein Heim, als er schon ziemlich alt war. Vor ungefähr zwei Jahren wurde er dann von seinen jetzigen Eltern adoptiert. Er lebt jetzt bei diesem älteren Ehepaar, die schwer reich sein sollen.

Soweit ich das von den Mitarbeitern erfahren konnte, haben sie von Erziehung keine Ahnung.

Auf der einen Seite bekommt Peter jeden Tag Geld, seine Eltern gehen mit ihm schwimmen, auf der anderen soll er geschlagen werden.

Peter besucht zur Zeit die Sonderschule.«

Text 7 – Uschi: »Andy plündert nachts den Kühlschrank.«

Bearbeitungspunkte

1. Vollziehen Sie die geschilderten Verhaltensweisen und Charakteristika des Kindes nach, und markieren Sie sie im Text.
2. Überprüfen Sie die vorgenommene Analyse im Hinblick auf Plausibilität und Vollständigkeit, und berichtigen Sie ggf. die Aussagen, so daß eine umfassende Diagnose entsteht.
3. Führen Sie ein Rollenspiel durch, in welchem Sie als Erzieherin (evtl. zusammen mit einer Kollegin) ein Gespräch mit den Eltern des Kindes führen, in welchem Sie das Ziel verfolgen, die Eltern über die pädagogische Problematik aufzuklären und zu gemeinsamem pädagogischen Handeln aufzufordern.

»In meinem Praktikum fiel mir Andy (5,0) in seinem Verhalten auf. Oft läuft er durch den Gruppenraum und macht Krach. Daß er ein Spiel der anderen Kinder stört oder zerstört, ist keine Seltenheit. Meist reagiert Andy auf Störungen in seinem Spiel mit Schlagen, Schubsen und Schreien. Wenn ich Andy etwas sagte, z.B.: „Andy, setz du dich bitte auf die Bank und zieh dich um, damit wir gleich mit dem Turnen anfangen können", reagierte er auch nach öfteren Aufforderungen nicht.

Morgens kommt Andy mit seinem Zwillingsbruder schon sehr früh in den Kindergarten, und beide möchten sofort frühstücken, obwohl sie erst kurz zuvor zu Hause gefrühstückt haben. Ich fragte mich, warum Andy sich so verhält, und fragte meine Erzieherin, wie Andy zu Hause lebt.

Ich erfuhr:

- Andy und sein Zwillingsbruder Hannes wurden mit einem halben Jahr adoptiert.
- In der Familie, in der noch eine weitere Tochter (etwa 7) ist, gab es gerade Familienzuwachs.
- Zu Hause wird Andy für seine „Schandtaten" mit Essensentzug bestraft. (Andy ißt sehr gern, er geht sogar nachts auf „Raubzüge".) Die Mutter erzählte, daß alle Strafen durch Prügel nicht mehr geholfen haben.

Situation: (1)

An einem Morgen sitzt Andy mit Lothar (4) am Bautisch. Nach kurzer Zeit hatte er vier oder fünf Bausteine zusammengesetzt und rannte damit durch den Gruppenraum, während er das Geräusch eines Flugzeuges machte. „Du Andy, du kannst aber nicht hier so durch den Gruppenraum rennen. Wenn du hinfällst, tust du dir weh, außerdem kannst du andere Kinder verletzen", sagte ich. Andy schaute mich an und rannte weiter. „Du Andy, setz dich bitte hin", sagte ich erneut, doch wieder rannte er weiter. „Wie oft soll ich dir denn noch sagen, daß du dich hinsetzen sollst?" Langsam werde ich sauer. „Andy! Bitte setz dich." Andy lacht und rennt auf seinen Platz.

Situation: (2)

Andy sitzt am Poly-M-Tisch und baut sich ein Auto. Auf dem Tisch liegen einige Steine (auch Steine mit Rädern), als Andreas auch zum Bauen an den Tisch kommt. Als Andreas einen Radstein nimmt, schubst, schlägt und schreit Andy Andreas an: „Das ist mein!! Boah, gib her!" und entreißt Andreas den Stein.

Situation: (3)

Wir saßen gerade im Stuhlkreis, als meine Erzieherin aus dem Gruppenraum gerufen wurde. Sobald sie den Raum verlassen hatte, sprang Andy auf und hüpfte und warf sich auf den Boden. Sofort wurde Kevin mitgerissen und eiferte Andy nach. „Andy, Kevin, steht bitte auf, wir wollen gern weiterspielen". sagte ich, doch es gab keine Reaktion auf mein Reden.

Wiederum sagte ich: „Setzt euch bitte, die anderen Kindern sind schon gelangweilt. Sie möchten gern weiterspielen und haben keine Lust, noch länger wegen euch zu warten." „Setzt euch hin, Andy, Kevin", sagte Daniela E. . Auch auf diese Bitte gab es keine Reaktion, sondern sie tobten weiter. Nun stand ich auf, nahm beide an die Hand und führte sie zu meinem Platz. Dort bat ich zwei Kinder, die rechts und links neben mir saßen, die Plätze mit Andy und Kevin zu tauschen. Bereitwillig standen beide auf. „Danke! So ihr beiden, setzt euch jetzt hier hin", antwortete ich. Danach ging das Spiel weiter.

Situation: (4)

Andy und Hannes stehen morgens mit ihrer Mutter im Flur und ziehen ihre Jacken aus. Danach betreten sie den Gruppenraum und sagen: „Guten Morgen, Frau Fröhlich. Dürfen wir frühstücken?" Ihre Mutter antwortet: „Ihr habt doch gerade erst gefrühstückt." „Dann spielt erst einmal etwas und eßt dann später", antwortet Frau Fröhlich. Lächelnd hängt Andy die Kindergartentasche an den Taschenständer und holt sich ein Spiel.

(Erst zwei Stunden später geht Andy frühstücken.)

Analyse anhand von Theorien:

E. Erikson – Urvertrauen versus Urmißtrauen

In dieser Phase kann Andy kein Urvertrauen aufbauen, da er in diesem Alter die Bezugsperson wechselt. Als er endlich zu seiner Adoptivmutter eine Beziehung eingehen könnte, muß er auch hier ihre Fürsorge mit seinem Zwillingsbruder teilen. Weiterhin ist Andys Zwillingsbruder Hannes in seinem Entwicklungsstand etwas „zurück"geblieben, so daß sich vermuten läßt, daß Hannes eventuell mehr Zuneigung bekommen hat bzw., daß sich die Familie mehr um Hannes gekümmert hat.

Es läßt sich feststellen, daß Andy oft Angst hat, daß ihm jemand etwas zu essen abnehmen könnte. (Er stopft alles schnell in den Mund. Er ißt alles erst einmal an, bevor er etwas zu Ende ißt.) Dies läßt sich damit erklären, daß Andy nicht genügend Urvertrauen erlangt hat. Weiterhin läßt sich vermuten, daß er in seinen ersten Lebensmonaten nicht gelernt hat, daß er ständig umsorgt wird und Nahrung bekommt. Jetzt hat er Befürchtungen, daß ihm jemand etwas wieder abnehmen könnte, wenn er etwas haben möchte.

Zu Hause reagieren die Eltern auf die Aggressionen der Zwillinge mit Essensentzug, da andere „Bestrafungsmaßnahmen" nicht mehr helfen (Aussage der Mutter). Dieser Essensentzug bestand darin, daß sein Vater seinen Nachtisch aß oder daß er ohne Abendbrot zu Bett gehen mußte. Diese Maßnahme führt dazu, daß Andy auf nächtliche Streifzüge geht und den Kühlschrank „plündert". Ich glaube, daß Andy mehr Zuneigung und vor allem mehr Aufmerksamkeit braucht. Diese Aufmerksamkeit erlangt er, indem er „aggressiv" handelt.

Frustrations-Aggressionstheorie

Eine vorausgegangene Frustration kann zur Aggression führen.

Andy erlebt Frustrationen, indem er nicht bzw. teilweise nicht machen darf, was er möchte. Er wird oft in seinem selbstbewußten Handeln gestört. Zum Beispiel darf er nicht sofort frühstücken, wenn er kommt, außer er hat zu Hause noch nicht gefrühstückt. Er kann nicht im Raum herumrennen, da die Verletzungsgefahr zu groß ist, er bekommt keinen Nachtisch oder Abendbrot. Sicher erlebt Andy noch mehr Frustrationen, die mir und der Erzieherin nicht bekannt sind. Diese gestauten Frustrationen gehen bei Andy in Aggressionen über. Außerdem bekommt Andy Aufmerksamkeit, wenn er „wieder einmal" auffällt. Vermutlich ist der Aufmerksamkeitsbedarf so groß, daß er selbst negative Reaktionen auf sein Handeln „in Kauf" nimmt.«

Übergreifende Fragestellung

Sie haben einleitend zu diesem Kapitel notiert, welche Verhaltensweisen und Eigenarten von Kindern, Jugendlichen und Cliquen Sie positiv bzw. negativ wahrnehmen und bewerten.

Greifen Sie bitte diese Notizen auf, und wählen Sie einen konkreten Adressaten oder eine konkrete Clique heraus, und rufen Sie sich sehr genau die Situationen ins Gedächtnis zurück, die dazu führten, daß Sie sich dieses Bild von dem Adressaten/der Clique machten. Halten Sie diese Situationen schriftlich fest.

Suchen Sie Ihre Praxisstelle auf, und interviewen Sie Ihre Kolleginnen/Kollegen über den Adressaten/die Clique. Arbeiten Sie dabei mit Tonband.

Nachdem Sie alle greifbaren Daten zusammengetragen haben, schließen Sie sich bitte mit drei Mitschülerinnen/Mitschülern aus Ihrer Klasse zu einer Kleingruppe zusammen. Gehen Sie in der Gruppe nun dazu über, die Daten für die einzelnen „Fälle“ zu interpretieren, indem Sie die erziehungswissenschaftliche Theorie als „Werkzeug“ heranziehen.

Erarbeiten Sie auf diesem Weg bitte vier Diagnosen/Charakterbilder über einen Adressaten/eine Clique, die auf Tonband festgehalten werden sollen. Geben Sie den einzelnen „Reportagen“ einen treffenden Titel, z.B. „Zum Teufel mit meiner Angst vor den Black Angels“ oder „Die stille Lilly als Disco-Queen“.

2.2.2 Mit Regelverletzungen umgehen

Bedeutsam für das Zusammenleben im Alltag in unterschiedlichen Institutionen, z.B. Kindertageseinrichtungen, im Jugendzentrum und im Hort, sind die geltenden Regeln.

Die Regeln selbst und die Art und Weise, wie diese Regeln durchgesetzt werden, sagen sehr viel über das Selbstverständnis der Erzieherinnen, über ihr Bild vom Adressaten und über ihre pädagogischen Ziele aus.

Mit Regelverletzungen umgehen verweist auf die Auseinandersetzung mit dem Selbstverständnis bezüglich der eigenen Berufsrolle, gleichzeitig ist jedoch die Grundlage des Handelns das Bild, welches der Erzieher bzw. die Erzieherin sich von dem Adressaten macht, d.h., bedeutsam wird das Konzept der Fremdwahrnehmung. Dies ergibt, insbesondere für Anfänger, die schwierige Situation, daß Sie teilweise Regeln vertreten müssen, deren Entstehungsgeschichte Sie nicht kennen, daß Sie vielleicht den Sinn der Regeln nicht verstehen, daß Ihre Fähigkeit, die Durchsetzung von Regeln konsequent zu verfolgen, als allzu großer Beweis für Ihre Qualifikation als Erzieherin gesehen wird.

Eigene Vorüberlegungen zum Thema

Halten Sie für sich fest, wie Sie selbst im Alltag mit Regeln umgehen. Reflektieren Sie, was Regeln bei Ihnen auslösen: Angst, Protest, Ignoranz ...?

Stellen Sie fest, ob Sie schon häufiger in einer pädagogischen Situation die Einhaltung von Regeln durchgesetzt haben und welche Strategien der Durchsetzung Sie verwandt haben.

Text 8 – Claudia: »Eine wirkungsvolle Möglichkeit.«

Bearbeitungspunkte

1. Arbeiten Sie heraus, was wir über Torsten durch den Text erfahren.
2. Deuten Sie das Verhalten Torstens ausgehend von Ihren Kenntnissen aus dem Fach Erziehungswissenschaft.
3. Welches Konzept hat die Praktikantin bezüglich ihrer Berufsrolle?
4. Reflektieren Sie, ob ausgehend von Ihrer Analyse in der beschriebenen Situation ein anderes pädagogisches Handeln erforderlich gewesen wäre. Begründen Sie Ihre Meinung.
5. Die Praktikantin beurteilt ihr Handeln recht positiv, da die Methode so wirkungsvoll war. Führen Sie im Rollenspiel ein Reflexionsgespräch mit der Praktikantin, und erläutern Sie der Praktikantin Ihre Meinung.

»Als ich gerade vom Kindergartenhof aus in die Gruppe ging, sah ich, daß Sylvia, die Erzieherin unserer Gruppe, vor Torsten (4,8), einem für sein Alter sehr kleinen Jungen, dessen Stimmlage kaum den Flüsterton überschreitet, kniete und zu ihm sagte: „Ich habe keine Sachen mehr zum Umziehen für dich. Du gehst heute nicht mehr raus. Du bleibst jetzt im Gruppenraum und wartest auf deine Mutter." Sylvia stand auf und ging auf den Hof. Torsten zog ein genervtes Gesicht. Ich ging auf Torsten zu und kniete mich zu ihm. Ich erklärte ihm im ruhigen Ton: „Torsten, wenn du mit der nassen Hose auf den Hof gehst, erkältest du dich. Dann bekommst du Schnupfen und Husten. Das möchtest du doch sicher nicht, oder?" Torstens Gesichtsausdruck war nicht weniger beleidigt als vor meiner Erklärung. Von der Überzeugung, immer noch draußen spielen gehen zu müssen, hatte ich ihn also noch nicht abgebracht. Aus irgendeinem Grund schien es mir wichtig, dem Jungen verständlich zu machen, daß es unmöglich war, mit einer nassen Hose auf den Hof zu gehen, auch wenn es 28 Grad waren. Ich wollte wenigstens ablenken und fragte ihn: „Torsten, du kannst einfach so nicht rausgehen. Das geht nicht, aber ich habe eine ganz tolle Idee, wir können ja etwas zusammen spielen." „Nein", sagte Torsten entschlossen, „ich warte jetzt auf meine Maa", und kniete sich auf den Bauteppich. Ich sagte zu ihm: „Okay, wenn du das möchtest, dann warte auf deine Mutter." Ich hielt es für besser, Torsten in Ruhe zu lassen. Schließlich war es bereits der dritte Tag hintereinander, an dem Torsten in die Hose gemacht hatte. An den ersten beiden Tagen hatten wir ihm Sachen zum Umziehen gegeben, aber weil seine Mutter die Kleidungsstücke, die er angezogen hatte, noch nicht zurück in die Einrichtung gebracht hatte, war dies heute leider nicht möglich. Auf einer anderen Weise erschien es mir vielleicht ganz gut, wenn Torsten merken würde, daß er, wenn er in die Hose gemacht hat, nicht raus darf. Ich stand auf. Ayse, ein türkisches Mädchen (6,2) lief auf mich zu und fragte: „Spielst du mit mir „Maus Paß Auf." Zwei weitere Kinder, Jenny (5,3) und Ali (6,8) wollten mitspielen. Ich sagte: „Okay. Setzen wir uns doch auf den Spielteppich." Das taten wir dann auch. Während wir spielten, kamen Svenja und Kerstin in den Gruppenraum und setzten sich zu Torsten auf den Bauteppich. Svenja nahm ein Auto aus einer Kiste, die auf dem Teppich stand. Dann schob sie es über den Teppich. Kerstin tat dies ebenfalls, und auch Torsten, der die beiden Mädchen beobachtet hatte, tat es ihr nach. Schnell waren die drei Kinder in ein Autorennspiel vertieft. Nachdem Ali, Jenny, Ayse und ich unser Spiel beendet hatten, saßen Torsten, Svenja und Kerstin gemeinsam am Spieltisch und spielten mit Perlen. Ich verließ kurz den Gruppenraum, um das WC aufzusuchen. Als ich den Gruppenraum wieder betrat, bemerkte ich, daß Torsten sich nicht im Raum aufhielt. Ich sah nach draußen auf den Spielplatz und entdeckte Torsten im Sandkasten. Sein Bruder, der ca. achtjährige Marius, war ebenfalls dort. Er kam manchmal etwa um 11.00 Uhr von der Schule aus in den Kindergarten und ging dann mit seiner Mutter und Torsten nach Hause. Ich ging zum Sandkasten und fragte Torsten: „Wer hat dir denn erlaubt, auf den Hof zu gehen?" Torsten antwortete beleidigt: „Niemand."

Ich forderte ihn auf: „Torsten, gehe bitte wieder in die Gruppe. Wenn man eine nasse Hose hat, darf man nicht raus. Wir haben nun einmal keine andere Hose mehr. Vielleicht gehst du dann morgen mal auf die Toilette, wenn du merkst, daß du mußt." Torsten lief mit schnellem Schritt in den Gruppenraum, stellte sich an den Frühstückstisch und sagte trotzig: „Aber der Marius darf raus, nee?" Ich erwiderte: „Ja, Torsten. Der Marius hat ja auch nicht in die Hose gemacht, oder?" Torsten gab mir keine Antwort und drehte den Kopf zur Seite. Marius kam in die Gruppe und unterhielt sich mit Torsten. Als die Mutter die beiden Jungen abholte, erklärte ich ihr: „Torsten hat schon wieder in die Hose gemacht. Wir hatten keine Hose mehr zum Umziehen für ihn. Er ist jetzt etwas beleidigt, weil er nicht mehr auf den Hof durfte." Sie sagte: „Das macht nichts. Ich laß ihn dann heute auch nicht mehr nach draußen spielen. Er soll ruhig merken, daß er nicht einfach in die Hose machen darf."

In diesem Fall war es nicht nur die einzige Möglichkeit, Torsten zu verbieten, auf den Hof zu gehen, sondern auch eine sehr wirkungsvolle. Denn schließlich hat Torsten bis zu meinem Praktikumsende weder im Kindergarten noch zu Hause, wie ich von seiner Mutter erfuhr, wieder in die Hose gemacht.«

Text 9 – Juliane: »Ich wollte die perfekte Erzieherin sein.«

Bearbeitungspunkte

1. Arbeiten Sie heraus, was Sie über das Kind Martin durch den Bericht der Praktikantin erfahren. Gehen Sie dabei auch auf die durch den Bericht deutlich werdenden Beziehungen Martins zu den anderen Kindern ein.
2. Deuten Sie die Beschreibungen durch die Praktikantin und ihr Verhalten im Umgang mit Martin unter dem Aspekt, welches Bild von Martin sich die Praktikantin macht.
3. Interpretieren Sie, das Verhalten Martins ausgehend von Ihren theoretischen Kenntnissen, und versuchen Sie, die Praktikantin bezüglich ihres Verhaltens zu beraten.
4. In der Reflexion setzt sich die Praktikantin kritisch mit ihrem Verhalten auseinander. Verdeutlichen Sie, mit welchem Konzept der Berufsrolle die Praktikantin sich auseinandersetzt und wie sie ihr Verhalten im Umgang mit Martin deutet.

»Diese Geschichte handelt von Martin, er ist 5,6 Jahre alt. Martin war eigentlich nicht in der mir zugeteilten Gruppe, aber am Nachmittag kommen die Tageskinder, die nicht um 12 Uhr abgeholt worden sind, in eine Gruppe. Diese Gruppe besteht meist aus 20 bis 24 Kindern. Ich war zwar erst ein oder zwei Tage im Kindergarten und hatte ihn noch nicht kennengelernt, dennoch wußte ich einiges über Martin, weil ihm sein Ruf vorausgeeilt war. Wie gesagt, war Martin an diesem Nachmittag in der Gruppe, da seine Mutter berufstätig ist. Ich wußte ja nicht, wie er aussieht, doch ich glaubte, gleich zu wissen, wer er war. Martin erschien mir sehr aufgekratzt, denn er raste von einer Ecke der Gruppe zur anderen, und wenn Martin an Kindern vorbei rannte, versetzte er ihnen gezielte Hiebe in den Magen.

Er prügelte sich fast mit allen Kindern in der Gruppe, die Mädchen nicht ausgenommen. Doch am liebsten schlug er sich diesen Nachmittag mit Florian (3,6) und Christian (5,4). Wobei ich bemerkte, daß Christian immer die Nähe von Martin suchte. Ich dachte, daß sich die Prügeleien mit der Zeit legen würden, aber meine Annahme schien sich nicht zu erfüllen, daher ging ich zu Martin hin und sagte in einem beschwichtigendem Ton zu ihm: „Martin, könntest du bitte damit aufhören, du kannst doch nicht alle Kinder schlagen, sie haben dir doch gar nichts getan. Du tust ihnen und dir doch nur weh." Ich sah ihn erwartungsvoll an und hoffte, Martin würde es verstehen. Martin sagte jedoch nur gelassen und etwas überheblich: „Ich mach doch nicht, was du willst." Und damit drehte er sich um, als wenn ich gar nicht mit ihm gesprochen hätte. Ich zog es vor, nichts mehr im Moment zu sagen, weil außer mir, der Praktikantin, noch zwei andere Erzieherinnen im Raum waren. Ich glaubte, sie würden jetzt eingreifen, weil Martin seine Prügeleien noch verstärkt weiterführte. Aber keiner der beiden schritt ein, was mich ja sehr wunderte. Sie schauten zwar ab und zu strafend zu Martin hinüber, sagten aber nichts. Mir wurde es aber jetzt zu bunt, und ich beschloß, etwas zu unternehmen, weil mich Martins Geschrei zunehmend störte. Ich versuchte ihn von seinen Rangeleien abzulenken, indem ich sagte: „Hast du nicht Lust, mit mir ein Spiel zu spielen?" Aber anstatt einer Antwort zeigte er mir seine rote Zunge. Christian, der sein Verhalten wohl sehr mutig fand, schloß sich ihm an, und jetzt rannten sie zusammen durch die Gruppe und brüllten, was das Zeug hielt. Und zu guter Letzt trampelten sie auf dem Boden herum, damit ich wohl vollkommen meine Fassung verlieren sollte. Ich hatte aber ihren kleinen Plan durchschaut und machte, als ob ich gar nichts sehen würde. Ich ging auf eine kleine Gruppe von Mädchen zu und fragte sie, ob sie nicht Lust hätten, mit mir ein Spiel zu spielen. Mein Vorschlag wurde begeistert angenommen. Die Mädchen, Claudia (5,4), Hanna (4,9) und Eva (5,3), suchten sich das Spiel „Apfelchenpflücken" aus. Als wir alles aufgebaut hatten, kamen Martin und Christian angerannt und hauten das ganze Spiel vom Tisch. Ich kochte innerlich schon vor Wut, aber ich sagte in meinem ruhigsten Tonfall: „Die machen alles nur kaputt, weil sie nicht wissen, wie es gespielt wird." Martin schrie aber nur: „Ich kann alles spielen, du Kacker!" Jetzt sprang ich auf und rannte hinter den beiden her. Die lachten sich fast schlapp, aber dann griff eine Erzieherin ein. Sie griff sich Martin und setzte Martin auf einen Stuhl. Sie befahl ihm, dort sitzen zu bleiben. Doch als sie ihm den Rücken zudrehte, rannte er los und verprügelte einige Kinder, und jetzt erschienen mir seine Schläge schon nicht mehr kinderhaft. Seine Schläge waren anscheinend gut überlegt, und es störte ihn nicht, wenn ein Kind anfing zu weinen, weil er dieses sehr verletzt hatte. Jetzt schrie ich ihn entnervt an: „Höre endlich auf, Martin, oder es passiert etwas!" All meine Ausbrüche schienen ihn nur noch mehr anzustacheln, denn er wurde immer wilder. Ich sagte jetzt kurzer hand zu einer Erzieherin: „Ich nehme Martin mit in eine andere Gruppe, damit er sich wieder beruhigt." Sie sagten, es wäre in Ordnung. Ich schnappte mir Martin, der sich sehr wehrte. Als ich mit ihm in einer Gruppe war, die nicht besetzt war, bugsierte ich ihn in eine Ecke der Bauecke, er schmollte und sagte kein Wort. Ich wollte ihm keine Standpauke halten, weil das sowieso nichts gebracht hätte. Ich versuchte eine Unterhaltung anzukurbeln, indem ich sagte: „Sollen wir etwas bauen?" Und da er mir nicht antwortete, versuchte ich es nochmal: „Soll ich dir vielleicht etwas vorlesen?" „Mit dir rede ich nicht", sagte Martin nur. Dann schaute er aus dem Fenster, und ich tat es ihm gleich. Auf einmal sagte er: „Siehst du den Vogel da?" Damit begann unsere Unterhaltung, die alles beinhaltete, nur sein Verhalten in der Gruppe habe ich nicht angesprochen. Und nach ungefähr einer Stunde gingen wir in die Gruppe zurück. Vorher sollte er mir aber versprechen, keinen Blödsinn mehr zu machen. Wir gingen dann Hand in Hand in die Gruppe, wo uns die Erzieherinnen erwartungsvoll ansahen. Martin tobte an diesem Nachmittag nicht mehr und setzte sich lieb an einen Tisch, und wir beide spielten ein Spiel zusammen. Für heute hatte ich ihn gebändigt.

Reflexion

Zunächst möchte ich ein paar Hintergründe klarstellen. Martin ist erst ein halbes Jahr in Westdeutschland. Er lebte dort bei seinen Großeltern in dieser Zeit, weil seine Mutter hier Arbeit gefunden hatte, und in der ehemaligen DDR war er auch in einem Kindergarten. Sie holte ihn dann zu sich und gab ihn dann gleich hier in den Kindergarten, weil sie keine Zeit hatte, sich um Martin selber zu kümmern. Ich habe diese Informationen von seiner Gruppenleiterin. Diese hatte mir auch erzählt, daß die Großeltern sich alles gefallen lassen haben. Sie sind schon etwas älter und waren Martin nicht gewachsen. Martin machte in dieser Zeit alles, was er wollte, und als er wieder bei seiner Mutter war, war diese ihm nicht mehr gewachsen. Um jetzt zu meinem Verhalten zu kommen: Ich glaube, daß ich ziemlich falsch gehandelt habe, denn ich habe versucht, eine perfekte Erzieherin zu sein, doch was ich eigentlich nur gemacht habe, war, daß ich Martin nur von der anderen Gruppe isoliert habe. Ich glaubte, wenn ich ihn von der Gruppe fernhalten würde, dann würde er sein Verhalten einsehen, aber eigentlich habe ich seinem Verhalten recht gegeben. Martin wollte mich so weit provozieren, bis ich mich nur ihm zuwende, und das hat er ja auch geschafft. Ich weiß jetzt, daß er durch sein Verhalten nur nach Zuwendung schrie, ich aber wollte ihn nur ruhigstellen. Ich habe mich durch sein Geschrei gestört gefühlt und wollte es abschalten, doch eigentlich habe ich sein Verhalten noch bestärkt, indem ich mich ihm immer wieder zuwendete und darauf eingegangen bin. Doch ich glaube, er wollte nur ausprobieren, wie weit er bei mir gehen kann, bis ich explodiere. Ich habe einiges über die Kindergärten von einer Erzieherin erfahren, und dort wurden die Kinder sehr autoritär erzogen (in der ehemaligen DDR). Vielleicht kommt er nicht mit den starken Veränderungen klar, die der Wechsel in diesen Kindergarten mit sich führte. Vielleicht versteht er es nicht, daß man jahrelang immer nur versucht hat, ihn so gut, wie's geht, ruhigzustellen und daß er hier viel mehr Freiheiten hat. Dadurch daß ich Martin von der Gruppe ferngehalten habe, habe ich sehr wahrscheinlich erreicht, daß die übrigen Kinder in der Gruppe sein Verhalten nachahmen, weil sie so glauben, auch Sonderbehandlung zu bekommen. Ich glaube, daß sie Martin bestimmt gefragt haben, was wir die ganze Zeit gemacht haben, und da ich ihm ja keine Moralpredigt gehalten habe, kann er ja auch nichts Negatives berichten, und dann benehmen sie sich auch so, obwohl ich sagen muß, daß ich diese Folgerung nur annehmen kann. Vielleicht könnte es aber auch sein, daß ich den anderen Kindern das Gefühl gegeben habe, daß ich Martin bevorzuge und sie ihn vielleicht noch mehr meiden würden, was aber die Folge hätte, daß er ihren Kontakt vielleicht nie mehr richtig erlangen kann, diesen benötigt er aber dringend. Denn er ist ja nicht nur mit Erwachsenen zusammen, die ihm etwas übermitteln. Es ist viel wichtiger für Martin, daß er etwas von seinen Spielgefährten lernt, weil es ihm so nicht das Gefühl gibt, man wolle ihn nur „erziehen" oder bevormunden. Wenn ich ihn schon aus der Gruppe herausnehmen mußte, hätte ich auch über das Problem sprechen müssen, aber ich habe es nicht getan, weil ich Angst hatte, daß er dann wieder abblockt und ich keinen Zugang zu ihm finden würde. Dabei ging es ja nicht um mich und meine Gefühle, sondern um seine und der anderer Kinder. Diese sind nämlich den ganzen Tag mit Martin zusammen und müssen mit ihm auskommen. Ich hätte die Bedürfnisse und Wünsche der Kinder mit Martin versuchen müssen zu verbinden, indem ich sie zusammengebracht hätte, z. B. durch ein gemeinsames Spiel usw. Ich wollte erreichen, daß Martin Respekt vor mir hat, aber das ist ja eigentlich das, was er immer erfahren hat, und dann würde ich ja in für ihn bekannten Schienen fahren, was vielleicht eine Art Ruhe herstellen würde, aber nicht zur Lösung seines Problems hätte beitragen können.

Am Ende meiner Geschichte über Martin benutzte ich das Wort „bändigen". Im nachhinein muß ich sagen, daß dieses Wort vollkommen negativ ist. Ich wollte die perfekte Erzieherin darstellen, die mit den aufreibenden Situationen fertig wird und alles und jeden im Griff hat; was ich aber jetzt begriffen habe, ist, daß es nicht darum geht die Kinder zu „bewachen", sondern ihnen dabei zu helfen, sich zu entwickeln und ihre Fähigkeiten zu entwickeln und zu entdecken. Ich komme mir jetzt wie eine Löwenbändigerin vor, die versucht, Tiere zu dressieren, die sie betreut. Ich habe mich nicht mit ihm auf eine Stufe gestellt, sondern ihn von oben herab behandelt und versucht, meine Wünsche durchzusetzen. Dabei geht es ja nicht um mich, sondern um das Kind, das Probleme hat. Am Schluß meiner Reflexion möchte ich noch einmal auf das Isolieren von Martin zurückkommen, ich glaube, diese Methode war in dieser schwierigen und mir unbekannten Situation der einzige Ausweg. Doch dieses Isolieren hat viel zu lange gedauert (1 – 1,5 Stunden).«

Übergreifende Fragestellungen

1. Arbeiten Sie heraus, um welche Regeln es in den unterschiedlichen Geschichten geht.
2. Klären Sie für sich, welche Einstellungen Sie zu den in den verschiedenen Situationen deutlich werdenden Regeln haben. Begründen Sie Ihre Meinung, ausgehend von Ihrem Selbstverständnis als Erzieherin/Erzieher und ausgehend von Ihrem Bild über die jeweils beteiligten Kinder.
3. Verdeutlichen Sie, welche Einstellungen die Praktikanten zu den Regeln haben, wie sie ihre Einstellungen im praktischen Handeln umsetzen, in welche Konflikte sie geraten und welches Bild sie von den beteiligten Kindern entwickeln.
4. Halten Sie fest, inwiefern Sie selbst durch das Handeln der Praktikanten Anregungen erhalten haben, in Zukunft evtl. anders mit Regelverletzungen umzugehen.

2.2.3 Kinder und Jugendliche sind provokativ

In der pädagogischen Praxis gibt es immer wieder Situationen, die Sie vor Schwierigkeiten stellen werden. Diese werden häufig an einzelnen Verhaltensweisen der Kinder und Jugendlichen festgemacht.
Besonders schwierig wird es dann, wenn die Adressaten sich provokativ verhalten bzw. ihr Verhalten entsprechend wirkt. Dabei werden Sie auf einer sehr individuellen Ebene angesprochen. Ob diese „Verletzung“ überhaupt beabsichtigt ist oder nur ein „Austesten“ vorliegt, gilt es zu überprüfen.
Ein weiterer Aspekt ist die Fragestellung, warum diese Provokationen Sie überhaupt erreichen. Inwieweit treffen Sie die eigene Person und die Berufsrolle, was zu einer „Verunsicherung“ führen kann und die pädagogische Arbeit bedroht?
Setzen Sie sich mit dieser Problematik auseinander, so können Ihnen Ihre Kenntnisse aus dem erziehungswissenschaftlichen Unterricht ermöglichen, das Verhalten zu analysieren und zu verstehen. Damit ist die Basis geschaffen, eine objektivere Umgangsweise und ein situationsgerechtes und adressatenorientiertes Erzieherverhalten (und ein gewisses Handlungsrepertoire) zu entwickeln.

Eigene Vorüberlegungen zum Thema

Die nachfolgenden Geschichten zeigen verschiedene Situationen auf, in denen Erzieher von Kindern und Jugendlichen provoziert werden.
Schreiben Sie als Einstimmung auf die Texte bitte Situationen auf, in denen Sie sich provoziert gefühlt haben.

- Welches waren die Auslöser?
- Wie sind Sie damit umgegangen?

Denken Sie auch über Situationen nach, in denen Sie selbst provoziert haben.

- Was wollten Sie mit der Provokation erreichen, und ist es Ihnen gelungen?

Schreiben Sie ferner alle Gedanken auf, die Ihnen zum Stichwort Provokation einfallen.

Text 10 – Carola: »Irgendwie kam ich mir lächerlich vor.«

Bearbeitungspunkte

1. Versetzen Sie sich in die Rolle der Praktikantin, und beschreiben Sie, in welcher Konfliktlage sie sich befindet. Erarbeiten Sie alternative Handlungsweisen für die entsprechenden Situationen.
2. Vollziehen Sie nach, was das Mädchen durch die Provokation erreichen wollte und was durch die Handlungsweise mit dem Kind passierte.
3. Spielen Sie die gesamte Szene im Rollenspiel nach. Wie fühlen sich danach die Spieler der beiden Rollen? Überlegen Sie, an welcher Stelle Sie das Rollenspiel verändern würden. Spielen Sie diese neue Fassung.
4. Überprüfen Sie anhand der Ergebnisse aus 2. und 3., wie weit die Praktikantin die zweite Entwicklungsaufgabe (Fremdwahrnehmung) gelöst hat.
5. Im letzten Absatz schreibt die Praktikantin, daß sie festgestellt hat, daß man nur etwas erreichen kann, wenn man die Kinder „anmeckert“. Stellen Sie Ihre Meinung dazu dar.

»Es ist noch sehr früh am Morgen (8.45 Uhr), als Ina, 5,4 Jahre, mich fragt, ob ich mit ihr das Spiel „Henne Berta“ spiele. Lächelnd nicke ich Ina zu und deute mit meinem Arm an, wo ich mich hinsetze. Sie kommt an den Tisch, und wir beginnen zu spielen. Nach einer Weile stellt sich Yvonne, fünf Jahre, an unseren Tisch und sieht uns beim Spielen zu. Da Yvonne ein aufgeschlossenes Kind ist und gewöhnlich fragt, wenn sie etwas haben oder mitspielen möchte, fordere ich sie nicht zum Mitspielen auf. Yvonne beginnt in der Schachtel, in der das Spiel verpackt war, zu kramen und hin und her zu schieben. Kurze Zeit später lacht sie auf und läuft vom Tisch weg. Ich merke, daß sie in ihrer Hand einige Figuren hält, die Ina und ich zum Spielen benötigen. Ich sehe Yvonne an und sage über den Tisch hinweg zu ihr: „Yvonne, gib die Eier wieder her. Wir brauchen sie zum Weiterspielen.“ „Nein,“ lautet die Antwort, „hol sie dir doch“ und lacht provozierend. Ich überlege, wie ich am besten reagieren soll, als sie mir zuruft: „Traust dich ja nicht, traust dich nicht!“

Laut stoße ich meinen Stuhl zurück und stehe auf. Yvonne beginnt, um den Tisch zu laufen. Ich laufe ein Stück hinter ihr her und rufe: „Was soll denn das, ich habe keine Lust, hinter dir her zu laufen!“ Sie läuft auf die andere Seite des Tisches, und als ich mich ihr nähere, rennt sie wieder zurück. Ich bemerke, wie ich langsam wütend werde, da ich mir lächerlich vorkomme, wie ich hinter Yvonne herlaufe.

„Yvonne, gibst du mir jetzt die Figuren zurück?“ frage ich aufgebracht. Sie schüttelt nur den Kopf.

In diesem Augenblick kommt ein anderes Kind hinzu. Selma, 5,11 Jahre, fängt Yvonne ein und hält sie fest. Sie ruft mir zu: „Ich habe Yvonne gefangen!" Schnell komme ich um den Tisch herum und fasse Yvonne am Arm. „Danke, daß du mir geholfen hast", sage ich zu Selma, „jetzt kannst du sie aber wieder loslassen." Selma gibt Yvonnes Arm frei und setzt sich wieder auf ihren Platz, um weiterzuspielen. Ich hocke mich zu Yvonne hinunter und frage sie mit ernstem Gesichtsausdruck und fester Stimme: „Kannst du mir mal erklären, was das jetzt sollte?" Yvonne schüttelt den gesenkten Kopf und gibt keine Antwort. „Gibst du mir die Figuren?" frage ich sie mit der gleichen Stimme. Sie versteckt ihre Hände hinter ihrem Rücken. Danach hebt sie den Kopf und streckt mir ihre Zunge raus. Ihr Verhalten wird mir zu „bunt". Ich nehme ihr die Spielfiguren aus der Hand und sage mit strenger Stimme: „Ich finde das gar nicht witzig. Die Ina wartet die ganze Zeit auf mich, um mit mir weiterzuspielen, und du machst hier so ein Theater mit den Eiern. Stell dir einmal vor, wir beide würden zusammen spielen und ein Kind kommt dazu und nimmt dir Figuren weg. Wie würdest du dich denn fühlen, na?" „Ich wollte mitspielen!" antwortet Yvonne, keinesfalls kleinlaut oder eingeschüchtert. „Ja und, hättest du nicht fragen können? Du bist sonst auch nicht schüchtern, oder?" Yvonne schüttelt den Kopf und will weglaufen, doch ich halte sie noch mal zurück. „Das nächste Mal fragst du, ob du mitspielen darfst, ja?" frage ich sie in ruhigem Tonfall, aber mit ernstem Gesicht.

Yvonne nickt und läuft zu einem Tisch, an dem gespielt wird. Als ich zurück zu Ina komme, räumt sie das Spiel, das wir spielen wollten, ein. „Hast du jetzt keine Lust mehr zu spielen?" frage ich sie freundlich und neige den Kopf, damit sie mich besser sehen kann. Ina schüttelt den Kopf und sagt mit etwas weinerlicher Stimme: „Nein, wir müssen gleich frühstücken. Ich habe keine Lust mehr!" „Sollen wir denn nach dem Frühstück noch etwas zusammen spielen?" frage ich sie entgegenkommend. „Ich kann ja auch nichts dafür, daß die Yvonne die Eier weggenommen hat, oder?" „Nein, aber jetzt will ich nicht mehr spielen", ist die Antwort. Ina steht auf und räumt das Spiel an seinen Platz.

Reflexion

Beim Durchlesen dieser Geschichte ist mir aufgefallen, daß ich viel energischer hätte reagieren müssen. Als Yvonne die Figuren aus der Schachtel genommen hat, hätte ich sofort reagieren und aufstehen sollen. Außerdem mußte ich hinter Yvonne herlaufen, da sie sonst annimmt, daß ihr Verhalten nicht gravierend war. Doch das Gegenteil war der Fall: Mit ihrem Verhalten hat sie ein anderes Kind, Ina, verletzt und ihr damit die Freude am Spiel genommen. Aufgrund meiner zögernden Reaktion hat Yvonne gemerkt, daß ich unsicher bin und nicht genau weiß, wie ich mich in bestimmten Situationen verhalten soll. Dies hat sie ausgenutzt, um zu testen, wie weit sie bei mir gehen kann, beziehungsweise wollte sie testen, wann die Grenze erreicht ist, an der ich reagiere.

Bei einem Gespräch mit der Jahrespraktikantin habe ich erfahren, daß eine Alternative zu meinem Verhalten ein sofortiges Handeln, d.h. die Wegnahme der Figuren, gewesen wäre. Corinna (Jahrespraktikantin) sagte zu mir, daß sie an meiner Stelle nicht so viel erklärt hätte, sondern der Yvonne einfach die Eier abgenommen hätte. Weiterhin berichtete sie mir, daß Yvonne ein sehr provozierendes Kind wäre, mit dem auch unsere Gruppenleiterin hin und wieder Schwierigkeiten habe. Außerdem sagte sie mir, daß ich mit Yvonne energischer umgehen könne. Und ich lernen müsse, mich durchzusetzen, da vor allem die Yvonne sonst macht, was sie möchte.

Meiner Ansicht nach kommt meine Unsicherheit daher, daß ich nicht weiß, inwieweit ich reagieren darf; z. B. darf ich die Kinder am Arm festhalten, darf ich mit ihnen in bestimmten Situationen nach draußen gehen usw. Ich glaube, ich habe noch zu wenig Praxiserfahrung, um richtig abschätzen zu können, wann die richtige Methode angebracht ist.

Ein weiterer Faktor, der hinzukommt, ist die Art, mit den Kindern umzugehen. Wie ich festgestellt habe, kann man bei den Kindern nur etwas erreichen, wenn man mit strenger Stimme mit ihnen spricht oder die Kinder ausschimpft bzw. „anmekkert". Darüber habe ich mich mit meiner Gruppenleiterin unterhaltenn und sie antwortete mir darauf, daß das „normal" wäre und daß die Kinder das auch wollen. Doch das kann ich mir nicht vorstellen!

Ich hoffe, daß das im Laufe der Zeit besser wird, d. h., daß ich besser mit dem Problem fertig werde.«

Text 11 – Simone: »Ich bin mir nun ganz sicher, daß das reine Provokation ist.«

Bearbeitungspunkte

1. Verfolgen Sie Schritt für Schritt Marcels Verhalten und interpretieren Sie es aus erziehungswissenschaftlicher Sicht. Stellen Sie dabei bitte sein Verhalten und die jeweilige Reaktion der Praktikantin gegenüber.
2. Halten Sie die einzelnen Gefühlsäußerungen der Praktikantin und ihre darauf folgenden Reaktionen fest. Erarbeiten Sie die sich daraus ergebenden Zusammenhänge.
3. Die Praktikantin äußert mehrmals ihre Unsicherheit bezüglich ihres Verhaltens. Stellen Sie sich bitte ein Gespräch vor, in welchem Sie folgende Aussage der Praktikantin mit ihr reflektieren: „Ich finde mein Verhalten zu sanft. Eigentlich möchte ich konsequenter sein, also etwas „härter" durchgreifen.

»Es ist 14 Uhr. Ich bin gerade von der Mittagspause zurück, im Kindergarten angekommen. Die Erzieherinnen sind bereits dort und sitzen im Mitarbeiterzimmer.

Ich setze mich an einen Tisch und schreibe einen Liedtext von einem Lied ab, welches wir am Vormittag mit den Kindern gesungen hatten. Langsam trudeln einige Kinder ein. Aylin wird von ihrem Opa gebracht, und auch Rehan und ihr Bruder Levent kommen. Nach einiger Zeit werden auch Diana und Marcel von ihren Eltern gebracht.

Nachmittags sind nie besonders viele Kinder im Kindergarten.

Meistens sind es etwa vier bis zehn Kinder, von denen jeden Tag eigentlich nur Aylin, Rehan, Levent und Diana kommen.

An diesem Tag ist auch Marcel gekommen, ein sechsjähriges Vorschulkind. Marcel ist mir schon ziemlich oft aufgefallen. Er hört nur sehr schlecht, wenn ihm etwas gesagt wird, und reagiert oft erst gar nicht. Außerdem streitet er sich auch häufig mit anderen Kindern, nörgelt an ihnen herum und ärgert sie.

Sven, der heute auch gekommen ist, Marcel, Rehan und ich sitzen an einem Tisch und überlegen, was wir spielen können.

Wir einigen uns auf Bingo. Bei diesem Spiel bekommt jeder Spieler ein Spielbrett, auf dem sechs verschiedene Bilder sind, wie z. B. ein Regenschirm, ein Apfel, etc. Ein Mitspieler zeigt Karten mit entsprechenden Bildern hoch, und die anderen Spieler müssen versuchen, die Bilder auf ihren jeweiligen Spielbrettern zu finden und zu kennzeichnen. Mir fallen Marcels Hände und sein Mund auf. Sie sind sehr schmutzig. Vermutlich sind es Essensreste, die er nach dem Mittagessen zuhause nicht abgewaschen hatte. Ich sage zu ihm: „Marcel, würdest du dir bitte deine Hände und den Mund im Waschraum abwaschen." Er reagiert gar nicht. Ich bitte ihn wiederholt: „Könntest du dich bitte waschen." Er reagiert wieder nicht. Ich bin mir nicht sicher, ob er mich vielleicht ärgern will, und werde energischer: „Marcel, geh dir jetzt die Hände und den Mund waschen!" Wieder keine Reaktion. Ich ärgere mich über Marcels Verhalten und habe den Eindruck, daß er mich nicht ernst nimmt. Ich sage zu mir: „So, es reicht mir, er denkt wohl, er kann mit mir machen, was er will." Ich nehme ihn an der Hand: „So, nun gehen wir gemeinsam in den Waschraum, und dort wirst du dich dann schön waschen!"

Er läßt es sich gefallen und beginnt seine Hände zu waschen. Allerdings benutzt er dazu keine Seife. „Marcel, nimm bitte die Seife zum Waschen!" Mal wieder keine Reaktion. „Du nimmst jetzt die Seife. So werden deine Hände doch nicht richtig sauber." Er hampelt herum und hört immer noch nicht auf das, was ich sage. Ärgerlich greife ich in die Waschaktion ein und seife ihm die Hände ein. Er macht selbst weiter, dann läuft er plötzlich zu seinem Handtuch und putzt sich seine Hände, ohne sie vorher mit Wasser abzuspülen, ab. Wieder habe ich das Gefühl, er will mich provozieren.

Marcel will schnell in den Gruppenraum zurücklaufen. Ich halte ihn am Arm fest und sage zu ihm: „Halt, stopp, so kannst du das aber nicht machen. Du mußt doch erstmal die Seife abspülen, bevor du dir die Hände abtrocknest. Sieh mal, deine Hände sind doch noch ganz schmierig." Ich finde mein Verhalten zu sanft. Ich bin unsicher. Eigentlich möchte ich konsequenter sein, also etwas „härter" durchgreifen. Erneut nehme ich ihn an der Hand und ziehe ihn zum Waschbecken. „Das machst du alles noch mal von vorne!" Er wehrt sich.

Zufällig kommt eine Erzieherin herein und bemerkt unseren Machtkampf. Sie sagt: „Marcel, mach das, was Simone dir sagt." Vielleicht meint sie es gut und möchte mir helfen, aber ich fühle mich überrumpelt und ärgere mich über sie, weil ich den Konflikt selbständig und alleine bewältigen möchte. Marcel wäscht seine Hände vernünftig und trocknet sich auch vernünftig ab. Ich bin enttäuscht, weil nicht ich das erreicht habe, sondern Frau Stein. Sie sagt dann auch zu Marcel: „Jetzt weiß ich auch, warum deine Handtücher immer am dreckigsten sind, Marcel."

Marcel und ich gehen wieder zurück in den Gruppenraum und setzen unser Spiel fort. Marcel ist albern, und ich bin mir nun ganz sicher, daß das reine Provokation ist. Ich überlege mir noch einmal, daß das Verhalten von Frau Stein mich sehr geärgert hat. Ich fühle mich als Versagerin. Frau Stein hat ihm ja nur noch deutlicher gezeigt, daß er vor mir keinen Respekt zu haben braucht.

Weiter zum Spielgeschehen. Ich weiß nicht mehr, wie ich reagieren soll. Ich weiß auch nicht mehr, welche Reaktion nun richtig oder falsch ist. „Marcel, jetzt gebe dir doch bitte etwas mehr Mühe und spiel hier nicht den Kasper." Wieder stelle ich fest, daß ich zu sanft bin und ihn eigentlich die ganze Zeit nur gebeten hatte, etwas zu machen, und es ihm nicht befohlen hatte. So geht es nicht. Ich möchte oder sollte konsequenter sein, aber ich sträube mich dagegen zu „meckern" oder gar zu „schreien".

Marcel hat keine Lust mehr mitzuspielen. Eigentlich möchte ich ihm befehlen, erst nach Beendigung des Spieles zu gehen, aber er hat mich zu sehr „eingeschüchtert", als daß ich mich noch auf eine weitere Diskussion mit ihm einlassen möchte. Also lasse ich ihn machen, was er will. Wir spielen ohne Probleme weiter Bingo, und ich bin erleichtert, daß Marcel nicht mehr dabei ist. Ich habe resigniert und fühle mich sehr schlecht dabei.

Reflexion

In der Geschichte habe ich versucht, Marcel dazu zu veranlassen, seine Hände und sein Gesicht vernünftig zu waschen.

Meiner Meinung nach ist es dann aber leider an meiner Unsicherheit und dem Eingreifen von Frau Stein gescheitert. Ich hätte Marcel vor Spielbeginn auf seine dreckigen Hände aufmerksam machen sollen. Nun war er ja auf Spielen eingestellt. Beispielsweise hätte ich zu ihm sagen können: „Wir fangen erst zu spielen an, wenn du dich gewaschen hast."

Im Konflikt selbst hätte ich mit ihm reden sollen. „Warum hörst du eigentlich nicht auf mich, ich habe dir jetzt so oft gesagt, du sollst dich waschen. Möchtest du mich ärgern?«

Text 12 – Marion: »Anmache im Jugendzentrum«

Bearbeitungspunkte

1. Verfolgen Sie am Text, welche Begründungen die Praktikantin für ihre Reaktion heranzieht. Beurteilen Sie bitte anhand dieser das Verhalten.
2. „Ob meine Art, damit fertig zu werden, wirklich Erfolg hatte, werde ich im nächsten Praktikum sehen."
   Dieser letzte Satz in der Reflexion soll Ihnen als Basis dienen, der Praktikantin ein paar Tips für das nächste Praktikum zu geben.
   Um sich selbst genügend darauf vorzubereiten, versuchen Sie bitte die Verhaltensweisen der Jugendlichen festzuhalten und ihr Verhalten zu begründen. Wenden Sie dabei bitte, soweit wie möglich, erziehungswissenschaftliche Kenntnisse an.
   Notieren Sie Fragestellungen, die sich aus dem Text ergeben, für den weiteren Unterricht.
3. Spielen Sie in der Klasse die geschilderte Situation im Rollenspiel nach.
   Stellen Sie fest, wie Sie sich in der Rolle der Praktikantin und/oder der Jugendlichen fühlen. Schreiben Sie diese bitte auf. Spielen Sie bitte die Situation ab der mit ➔ markierten Stelle in einer reflektierten Fassung. Oben genannte Tips können dabei verwendet werden.

»In dem JZ sind der größte Teil der Besucher ausländische Jugendliche. Da ich persönlich sehr schlechte Erfahrungen mit Ausländern der Altersstufe zwischen 20 und 26 Jahren gemacht habe, waren mir diese Gruppen von Jugendlichen von Beginn an unsympathisch bzw. hatte ich ein ungutes Gefühl, wenn ich an einer dieser Gruppen vorbeiging. Dies ist wahrscheinlich ein Grund, warum es mir schwerfiel, mit ihnen in Kontakt zu kommen. Eine Gruppe spielte jeden Tag um die gleiche Zeit Karten an dem Tisch in der Vorhalle. Sie kamen meistens um 16.00 Uhr und gingen als einige der Letzten. Wie schon erwähnt, saßen sie immer in der Vorhalle, d.h., wenn jemand etwas aus der Küche holen möchte oder etwas in den großen Saal bringen will, muß er an dieser Gruppe vorbeigehen. Als ich am Montag zum ersten Mal an dieser Gruppe vorbeiging, ich wollte in die Küche, blickte ich zu ihnen hinüber und lächelte als Begrüßung. Doch anstatt zurück zu lächeln, fiel die Bemerkung: „Komm her und bums mit mir!"

➔ Ich war ziemlich geschockt und wußte nicht, wie ich reagieren sollte. So bin ich einfach, ohne etwas zu erwidern, weitergegangen.

Im Laufe des Tages machte ich mir Gedanken, wie ich mich in einem solchen Fall verhalten könnte. Sollte ich überhaupt reagieren? Oder einfach die Gruppe „links liegen lassen"?

Als weitere Möglichkeit fiel mir ein, daß ich ihn darauf ansprechen könnte. Doch was soll man zu solch einer Bemerkung sagen. Wahrscheinlich fühlt derjenige sich noch positiv verstärkt. So kam ich zu dem Entschluß, überhaupt nicht zu reagieren und der gesamten Gruppe keine Beachtung zu schenken. Vielleicht hatten sie mein Lächeln als Aufforderung gesehen oder sonst mißverstanden.

Das nächste Mal, als ich an der Gruppe vorbeiging, spielte sich alles genauso ab – wie zuvor. Die Jugendlichen hörten auf, Karten zu spielen, und „gafften" mich an. Ich hingegen schaute absichtlich in eine andere Richtung. Als Antwort hörte ich Pfiffe hinter mir. Dies verbuchte ich als Fortschritt für mein Verhalten, denn immerhin kamen keine anzüglichen Bemerkungen von seiten der Gruppe. Das Ganze wiederholte sich noch einige Male, bevor auch die Pfiffe eingestellt wurden. Ich denke, da sie keine Resonanz fanden, wurde ihnen das zu langweilig. Da ich den Kontakt zu der Gruppe nicht ganz abblocken wollte, denn immerhin sind sie ebenfalls Besucher des JZ's, versuchte ich mich vorsichtig, der Gruppe wieder zu nähern, indem ich hin und wieder einen Blick „riskierte" und nach einiger Zeit ihnen auch zulächeln konnte.

Im Laufe der Woche gewöhnten sie sich daran, daß ich an ihnen vorbeilief bzw. überhaupt im JZ tätig war und somit zum Personal gehörte, so daß ich hoffe, da wieder einsteigen zu können beim nächsten Praktikum, wo ich dieses Mal aufgehört habe.

Reflexion

Zuerst möchte ich sagen, daß mein Vorurteil bestärkt wurde. Die Erfahrungen, die ich mit diesen Gruppen gemacht habe, liefen nach demselben Schema von Anmacherei ab - wie oben beschrieben. Der Unterschied bestand für mich darin, daß ich mich dieses Mal mit ihnen auseinandersetzen mußte. Zum einen, da sie Besucher des JZ's sind, zum anderen, weil ich ihnen in irgendeiner Form zeigen muß, daß es so nicht geht. Darüber habe ich auch mit der Elke, Erzieherin, gesprochen, die mir ebenfalls sagte, daß das häufiger der Fall gewesen ist, daß sich die spezielle Gruppe in dieser Form aufführt. Die Konsequenz, die sie ziehen müssen, ist, daß ihnen Hausverbot ausgesprochen wird. Weiterhin sagte sie mir, daß diese Bestrafung für die Jugendlichen sehr hart ist, da sie sonst keinen Platz haben, wohin sie gehen können. Außerdem erzählte sie mir, daß jede Frau, die „neu" in dem JZ ist, in der Form „angemacht" wird. Daraufhin erzählte sie, worauf ich nicht näher eingehe, wie das bei ihr aussah, als sie im „P-Dorf" anfing. Meiner Ansicht nach habe ich einen ganz guten Weg gefunden, um mit dem Problem fertig zu werden. Vielleicht ist Ignoranz nicht das beste Mittel gewesen, doch mir erschien es sinnvoll, auf diese Bemerkung nicht einzugehen.

Weiterhin muß ich sagen, daß eine Portion Angst ebenfalls eine Rolle gespielt hat. Wenn ich einen Kommentar dazu abgegeben hätte, den die Gruppe falsch ausgelegt hätte, wer weiß, was dann passiert wäre. So lächerlich der Gedanke klingt, aber da ich in der Umgebung wohne, könnte es mir durchaus passieren, daß ich einige von der Gruppe außerhalb des JZ's treffe, und ich weiß nicht, wie sie dann reagieren. Außerdem darf man nicht vergessen, daß ihre Mentalität eine ganz andere ist als unsere; Frauen haben nicht ein so hohes Ansehen und werden, für unsere Ansprüche, nicht gleichberechtigt behandelt.

Ob meine Art, damit fertig zu werden, wirklich Erfolg hatte, werde ich im nächsten Praktikum sehen.«

Übergreifende Fragestellungen

1. Erarbeiten Sie aus den Beispielen die unterschiedlichen Arten der Provokation durch die Adressaten. Stellen Sie die Auslöser fest.

   Vollziehen Sie nach, ob es Unterschiede darin gibt, ob Kinder oder Jugendliche provozieren, und überlegen Sie sich bitte, aus welchen Gründen Kinder oder Jugendliche dies tun. Sicher helfen Ihnen hierbei auch Ihre bisherigen erziehungswissenschaftlichen Kenntnisse.
2. Stellen Sie fest, warum die einzelnen Praktikanten durch Provokationen getroffen werden.

   Welche Strategien verfolgen die drei Praktikanten, gegen die Provokation vorzugehen, und welche sind sinnvoll?
3. Entwerfen Sie eine Strategie, wie Sie auf die darsgestellten Provokationen reagieren würden. Begründen Sie Ihr Verhalten.
4. Erstellen Sie in der Gruppe eine Collage, in der die drei Aussagen der Geschichten deutlich werden.

Auswertung der Texte und Reflexionen im Hinblick auf die Entwicklungsaufgabe II: Entwicklung eines Konzepts für die pädagogisch ausgerichtete Fremdwahrnehmung

Arbeiten Sie heraus, inwiefern in den einzelnen Geschichten aus der Praxis die übergreifende Lösung dieser Entwicklungsaufgabe II deutlich wird: „Ich finde pädagogischen Kontakt zu Kindern und Jugendlichen, weil ich sie gut verstehen kann."

Informieren Sie sich auf der Seite 68 dieses Buches über die Aspekte der Entwicklungsaufgabe II. Halten Sie für sich selbst fest, an welchen Aspekten der Entwicklungsaufgabe Sie selbst verstärkt arbeiten wollen.

2.3 Pädagogisches Handeln – aber wie?

2.3.1 Vormachen – Erklären

Das Vormachen/Erklären gehört im Erzieheralltag mit zu den häufigsten Handlungsweisen.
Vielleicht bereitet Ihnen diese Tätigkeit gefühlsmäßig keine Probleme, und Sie bewerten sie als etwas völlig Natürliches im Umgang mit Kindern.
Möglich ist aber auch, daß diese Aufgabe Sie vor große Handlungs- und Rollenprobleme stellt. Sie haben vielleicht Angst, Kinder könnten, wenn sie alles vorgemacht bekommen, gehemmt werden in ihrer natürlichen Experimentierfreude, Phantasie und Kreativität.
Aus der Sicht des Kindes ist das „Erklärt-Bekommen" etwas, was dazu beiträgt, daß es eine Sache/Tätigkeit erfaßt und beherrscht. Das Erklären fördert also die Autonomie des Kindes, in dem es zukünftig ohne Hilfe des Erwachsenen etwas tun oder verstehen kann. Es braucht sich in diesem Punkt nicht länger klein zu fühlen und erfährt innerhalb seiner Gruppe und von Erwachsenen Anerkennung.
Es gibt aber auch Formen des Erklärens und Vormachens, die sich nicht entwicklungsfördernd auswirken, sondern einengend und reglementierend gemeint sind und entsprechend entwicklungshemmend wirken.

Eigene Vorüberlegungen zum Thema

Die drei ausgewählten Beispiele führen Ihnen unterschiedliche Orientierungen und Umsetzungen der Handlungsweise vor Augen.
Bevor Sie die Texte bearbeiten, notieren Sie bitte in Form eines Brainstormings im Klassenverband alle Assoziationen, die Ihnen zu den Stichwörtern Vormachen/Erklären spontan einfallen. Diskutieren Sie anschließend die möglichen Hintergründe für die Ihnen unreflektiert eingefallenen Gedanken, z. B. geflügelte Worte (wie „Ein X für ein U vormachen"), eigene Erfahrungen, die eigene Rolle als Lernende etc.

Text 13 – Christine: »Wenn ich meine Nase krause, weiß sie es.«

Bearbeitungspunkte

1. Stellen Sie zusammen, welche verbalen und nonverbalen Mittel die Praktikantin einsetzt, um dem Kind die Regel zu erklären.
2. Die Praktikantin schreibt zu Beginn der Geschichte, daß sie das Spiel schon sehr leid sei, da das Mädchen es jeden Tag spielen wolle. Versetzen Sie sich einerseits in die Lage der Praktikantin, und andererseits versuchen Sie die Perspektive des Kindes einzunehmen.
   Spielen Sie auf den Grundlagen dieser zwei Perspektiven die Szene nach, und artikulieren Sie die Gefühle, die sich während des Spiels bei den beiden Spielpartnern einstellen.
3. Beurteilen Sie vor dem Hintergrund der Erfahrung aus dem Rollenspiel, welche Beweggründe die beiden Interaktionspartner für ihr Miteinanderspielen hatten.
4. Diskutieren Sie in der Klasse, ob die Praktikantin dem Kind gegenüber nicht besser hätte ehrlich auftreten sollen, statt aus dem Mitspielen ein Erklären zu machen.

»An diesem Morgen ist Fatma wieder schon sehr früh bei uns im Kindergarten. Ich begrüße sie um ca. 8.10 Uhr mit einem: „Guten Morgen Fatma, hast du schon ausgeschlafen?". „Ja", antwortet sie mir munter, „spielen wir was zusammen?" „Ja, das können wir machen. Ich muß nur der Jessica eben beim Tee helfen, aber du kannst dir ja in der Zwischenzeit überlegen, was du spielen möchtest", sage ich freundlich zu ihr. „Das brauche ich nicht zu überlegen, ich weiß schon, was wir spielen können!" gibt sie mir grinsend zu verstehen und läuft in den Gruppenraum.

Diese Unterhaltung hat auf dem Flur stattgefunden, während Fatma sich die Jacke ausgezogen und die Hausschuhe angezogen hat.

Aber nicht nur sie weiß, welches Spiel sie aussuchen wird, auch ich weiß es. Fatma ist 5,1 Jahre alt ,und seitdem ich in der Gruppe bin, d. h. seit dem 15.4.91, spielen wir jeden Tag „Mensch ärgere dich nicht", bis ich dann irgendwann sage: „Wir können alles zusammen spielen, nur nicht ,Mensch ärgere dich nicht"' Sie ist meistens etwas enttäuscht, aber ich erkläre ihr, warum ich das Spiel nicht mehr spielen kann. Mit meiner Erklärung, daß ich zu diesem Zeitpunkt keine Lust habe, das Spiel zu spielen, gibt Fatma sich auch zufrieden. Außerdem beschäftigen wir uns dann mit etwas anderem, was man zusammen machen kann. Heute habe ich auch Lust, dieses Spiel zu spielen, deshalb gebe ich ihr die Möglichkeit, sich etwas auszusuchen. Als ich in den Gruppenraum komme, sitzt Fatma an einem der Tische und ist damit beschäftigt, ein Spiel aufzubauen. Ich nähere mich dem Tisch und sehe, daß mich meine Ahnung nicht getrogen hat. Ich frage Fatma leicht amüsiert: „Du baust ja schon fleißig das ‚Mensch ärgere dich nicht' auf?". „Ja", sagt sie zu mir und dann in einem ganz ernsten Tonfall, „das haben wir seit gestern nicht mehr gespielt." „Oh", antworte ich belustigt und sage etwas ironisch, „das ist ja schon unendlich lange her!" Fatma scheint die Ironie entgangen zu sein, oder sie hat sie nicht verstanden, denn sie fragt wieder ganz ernst: „Welche Farbe nimmst du? Ich nehme Gelb". „Ist Gelb deine Lieblingsfarbe?" frage ich sie und setze mich endlich zu ihr an den Tisch. „Ja und Grün und Rot", lautet die Antwort. „Na gut, wenn du Gelb nimmst, dann nehme ich Rot". Ich nehme mir die roten Holzklötze aus der Holzkiste und stelle sie an den dafür vorgesehenen Platz. „Ich glaube, wir sollten das Brett ein bißchen zur Seite drehen, was meinst du, dann kommst du besser an deine Figuren", frage ich freundlich. „Ja, ist gut." Wir drehen gemeinsam das Spielbrett etwas nach rechts. Mit der Zeit hat sich der Gruppenraum gefüllt, und einige Kinder spielen auch an unserem Tisch. „Ich zähl aus, wer anfängt. Eine kleine Micky Maus zog sich mal die Hose aus, zog sie wieder an, und du bist dran." Ihr Finger landete auf meiner Brust, und sie sagt zu mir: „Du fängst an. Hier ist der Würfel!" Ich nehme den Würfel und beginne das Spiel. Nach mir würfelt Fatma, und so spielen wir eine Weile. Mir fällt auf, daß sie nicht genau zählen kann. Fatma zählt den Platz, auf dem sie steht, ebenfalls mit. So sage ich in ruhigem und nicht vorwurfsvollem Ton zu ihr: „Fatma warte mal. Du brauchst den Platz, auf dem du stehst, nicht mitzuzählen." Ich zeige ihr, wie ich das meine. Außerdem verdeutliche ich das Gesagte, indem ich die Spielfigur nehme und sie deutlich vorwärts bewege. „Hast du gesehen wie ich das meine?" frage ich Fatma und sehe sie lächelnd an. Sie hebt den Kopf und nickt mir zu. „Ja", antwortet sie mir eifrig, „ich brauche den" und zeigt auf den Platz, wo sie steht, „nicht mitzählen!", „Richtig", nicke ich ihr zu, „genauso wie ich das gemacht habe. Siehst du, ich habe eine Zwei gewürfelt und zähle ab dem nächsten Platz: eins, zwei". Fatma hat aufmerksam zugesehen und würfelt. Der Würfel zeigt eine Sechs. „Ich habe eine Sechs gewürfelt", strahlt sie mich an und beginnt zu zählen. „Hast du gesehen, ich habe den einen nicht mitgezählt" „Gut, das hast du echt gut behalten." Allerdings klappten die nächsten Spielzüge nicht so gut. Mir fiel auf, daß sie hin und wieder den Platz mitzählte, auf dem sie stand. Ich riet ihr: „Fatma, weißt du noch, was ich dir gesagt habe? Ganz am Anfang unseres Spiels?" „Ja, ich brauche den Platz, auf dem ich stehe, nicht mitzuzählen!" „Richtig, versuch es noch einmal. Nimm deine Figur noch einmal in die Hand, und zähle die Zahl des Würfels. Sieh mal, hier hast du gestanden." Fatma nimmt eifrig die Püppchen in die Hand und beginnt zu zählen. Aber sie zählt genauso wie beim vorherigen Mal. Ich sehe sie aufmunternd an und sage zu ihr, als sie mich erwartungsvoll ansieht: „Bist du sicher, daß deine Figur richtig steht?" Sie sieht mich an, und ich krause meine Nase. Daraufhin fängt sie an zu kichern und erwidert meine Frage. „Ich habe den Platz, auf dem ich stand, mitgezählt, nee?" „Ja, das stimmt. Ist aber gut, daß du das noch gemerkt hast, denn sonst ständest du ja einen Platz zurück, stimmt's?" frage ich Fatma in ruhigem Ton. „Ja, das stimmt", antwortet sie mir und stellt ihr Püppchen auf die richtige Stelle. Nach ihr bin ich an der Reihe zu würfeln. So spielen wir eine ganze Weile weiter, und ich merke, wieviel Mühe Fatma sich gibt, um richtig zu zählen. Es klappt auch immer besser, je länger das Spiel dauert. Wenn sie sich einmal nicht richtig sicher ist, sieht sie mich an, und wenn ich meine Nase krause, dann weiß sie, sie hat sich vertan. So bringen wir das Spiel zu Ende.«

Text 14 – Andrea: »Sie scheint meine Befürchtung nicht zu begreifen.«

Bearbeitungspunkte

1. Halten Sie zunächst fest, welche Versuche die Praktikantin unternimmt, das Kind zu beeinflussen.
2. Ziehen Sie entwicklungspsychologische Aussagen heran, und erklären Sie, warum das Kind so reagiert.
3. Diskutieren Sie Ihre Meinung, wie „Erklärungen" vorgenommen werden sollten, um Kindern richtiges Verhalten zur Unfallverhütung zu vermitteln.

»Ich setze mich zu Silke, vier Jahre alt, die gerade einen Hampelmann bastelt. Frau C. hat alle Teile (Kopf mit Zipfelmütze, Arme und Beine) auf buntes Tonpapier vorgezeichnet. Auf einer dicken Unterlage liegt das Stück: Kopf mit Mütze. Silke versucht nun mit einer dicken Nadel die vorgezeichneten Umrisse auszustechen, indem sie die Einstiche möglichst eng zusammenlegt. Sie zeigt ein oberflächliches Interesse an ihrer Tätigkeit und läßt sich leicht von Gregor, dem siebenjährigen mongoloiden Jungen, ablenken. Häufig macht sie Pausen, um mir von ihren Erlebnissen des Vortages zu erzählen. Dabei fuchtelt sie wild mit der Nadel in ihrer Hand umher, um ihrer Geschichte Nachdruck zu verleihen. Ich weise sie einige Male darauf hin, daß sie mit der Nadel in ihrer Hand jemanden verletzen könne, da inzwischen einige Kinder an unserem Tisch stehengeblieben sind. Silke schaut mich verständnislos an und sagt dann zu mir: „. . . ich mache doch nichts Schlimmes, ich erzähl dir doch nur was . . . !" Ich bestätige ihr, daß ich ihre Geschichte auch unbedingt weiter hören möchte, aber sie könne ruhig die Nadel aus der Hand nehmen, da sie sich auch selbst verletzen könne. Doch sie scheint meine Befürchtungen nicht zu begreifen, dreht sich zu den anderen Kindern an ihrem Tisch um und beginnt dort von neuem, etwas zu erzählen und mit der Hand rumzufuchteln. Ich verschaffe mir etwas Gehör bei ihr und schlage ihr vor, sie solle erst den Hampelmann ausstechen und kann dann weitererzählen. Ich merke langsam, daß auch sie die Lust am Erzählen verliert, und unterbreite ihr nochmals meinen Vorschlag. Sie nickt stumm und schickt die anderen Kinder weg, mit der Begründung, sie habe jetzt keine Zeit, aber sie wolle ihnen das fertige Produkt nachher zeigen.«

Text 15 – Martina: »Beim Vormachen fühle ich mich immer unwohl.«

Bearbeitungspunkte

1. Vollziehen Sie nach, welche Interessen und Bedürfnisse die Kinder in den beiden geschilderten Situationen haben.
2. Schreiben Sie die Situationen so um, daß die Interaktion nicht mit den Augen der Praktikantin, sondern aus dem Blickwinkel der Kinder abläuft und bewertet wird.
3. Schreiben Sie eine völlig neue Szene, z. B. über das gemeinsame Bepflanzen eines Beetes, in der die Praktikantin so „erklärt/vormacht", daß sie die Perspektive der Kinder berücksichtigt.

Erstes Ereignis:

»Thomas sagt: „Du spielst jetzt mit", und drückt mir eine Palette mit Steckknöpfen in die Hand. Sabrina gibt mir eine Unterlage. Thomas ruft: „Jetzt müssen wir die weißen (Steckknöpfe) raussuchen. Das habe ich mit David auch gespielt." Ich schaue ihn an und sage: „Damit kann man auch Bilder legen", setze mich an einen Tisch und fange an. Thomas ist von seiner Spielidee abgebracht, holt sich eine Unterlage und legt ein Muster. Im nachhinein tut es mir leid, daß ich Thomas vorgemacht habe, wie die Steckknöpfe zu gebrauchen sind.

Über das Vormachen:

Kinder lernen zwar über Imitation, aber nicht nur. Ich finde, daß diese Möglichkeit des Lernens in meiner Einrichtung zu häufig genutzt wird. Den Kindern wird zu wenig Raum gelassen, eigene Lösungen zu finden.

Beim Vormachen fühle ich mich immer unwohl. Die Kinder scheinen zu glauben, daß Erwachsene alles können und immer alles richtig machen. Sie zweifeln das Vorgemachte nie an.

Zweites Ereignis:

Jenny will mit mir malen. Ann (5,3) macht auch mit. Die beiden wollen mein Bild nachmalen und warten darauf, daß ich anfange. Ich erkläre, daß mir das Malen dann keinen Spaß macht, wenn sie nichts Eigenes malen, ließ sie dann aber trotzdem gucken, was ich mache. Sie versuchten, mein Bild nachzumalen, merkten aber schnell, daß die Ergebnisse nicht übereinstimmten. Da verloren sie den Spaß am Malen und räumten auf.

Obwohl ich die Bilder der beiden gelobt habe, waren sie offensichtlich frustriert. Ich habe nicht verstanden, warum die Kinder unbedingt nachmalen wollten.

Veränderungen meines Verhaltens:

- Ich werde mehr darauf achten, nicht zu früh vorzumachen, damit die Kinder Raum für eigene Lösungen haben.
- Werde den Kindern beim Vormachen Raum zum Protest geben.
- Werde in jeder einzelnen Situation überprüfen, ob Vormachen sinnvoll und notwendig ist.

Wir lassen uns alle zu viel vormachen . . . !«

Übergreifende Fragestellung

Führen Sie sich bitte vor Augen, welche Vorstellung von der Rolle der Erzieherin Ihnen vorschwebt, wie Sie Ihr Verhältnis zu den Kindern wünschen, wie Sie mit Ihnen umgehen wollen etc.

Stellen Sie sich anschließend bitte vor, ein drei-, ein sechs- und ein zehnjähriges Kind bitten Sie, ihnen zu zeigen, wie man Weihnachtsplätzchen backt. Schreiben Sie jeweils ein Szenario, in dem Sie dem Kind diese Bitte erfüllen, und zwar so, daß Ihre Vorstellung von der Berufsrolle dabei deutlich wird.

Diskutieren Sie Ihr Konzept des Vormachens/Erklärens in Kleingruppen. Beurteilen Sie dabei kritisch, inwieweit die pädagogische Aufgabe kindgerecht gelöst wurde. Versuchen Sie, in der Diskussion mit den Mitschülerinnen/Mitschülern, ihre jeweiligen pädagogischen Überlegungen darzulegen und zu rechtfertigen.

2.3.2 Sich distanzieren oder sich nahe sein

Ein Grundproblem der Berufsrolle der Erzieherin/des Erziehers zeigt sich in dem ständigen Bemühen um das Ausbalancieren des Verhältnisses zu den Kindern und Jugendlichen. Dieses Verhältnis ist bestimmt durch das Bedürfnis des Menschen nach emotionaler (und körperlicher) Nähe zueinander einerseits und durch das Bedürfnis, zu anderen Menschen in einem individuell festgelegten Grade auf Distanz bleiben zu wollen, andererseits.

Der Wunsch nach Nähe entspringt dem natürlichen Bedürfnis nach Liebe und Anerkennung. Der Wunsch, andere von sich fernzuhalten, beruht auf dem natürlichen Drang des Menschen nach Autonomie und ist die Gegenreaktion auf das Bedürfnis des anderen nach Nähe.

Weil in jeder zwischenmenschlichen Beziehung beide Partner und in einer pädagagogischen Beziehung die Erzieherin/der Erzieher und das Kind/der Jugendliche diese widerstreitenden Gefühle und Bedürfnisse besitzen, kann es zu zwischenmenschlichen Konflikten und zu individuellen Ambivalenzen kommen.

Eine typische Konfliktkonstellation ist beispielsweise gegeben, wenn Partner A Nähe sucht, Partner B aber Distanz beansprucht. Komplizierter wird das Verhältnis, wenn Partner A Nähe sucht, sich dieses Bedürfnis aber nicht bewußt zugesteht oder es nicht in Handeln umsetzen kann. Folgen können ein unbewußtes Leidensgefühl sein und unreflektierte Verhaltensweisen, wie zum Beispiel demonstrative Distanz zum anderen. Schwierig ist die Konstellation auch, wenn Partner A Distanz möchte, dieses Bedürfnis aber nicht zu äußern versteht oder nicht zulassen kann. Auch in diesem Fall können unbewußt Gefühle auf den Partner B übertragen werden und für diesen unverständliche Verhaltensweisen die Folge sein. Gemeinsam sind allen denkbaren Konfliktlagen Verhaltensunsicherheiten und unreflektierte, in Handlungssituationen unkontrolliert hervorbrechende Bedürfnisse.

Eine wesentliche Entwicklungsaufgabe innerhalb der Erzieherausbildung ist das Thematisieren der eigenen ambivalenten Gefühle in bezug auf Nähe und Distanz und darauf aufbauend der individuelle Lösungsversuch dieses Berufsrollenproblems.

Im folgenden finden Sie zwei Beispiele aus dem Elementar- und Freizeitbereich, worin die Praktikanten sich im Zusammenhang unterschiedlicher Aufgabenstellungen unbewußt mit der Grundfigur „Nähe/Distanz" befassen. Die ausgewählten Texte zeigen auf, daß das Problem von Nähe/Distanz die Praktikanten einerseits verunsichert, blockiert usw., daß ihnen dies aber andererseits teilweise nicht als pädagogisch problematisch bewußt wird. Diese subjektive Wahrnehmung erfordert um so mehr einen intensiven Reflexionsprozeß, um die Konsequenzen für die Adressaten innerhalb der pädagogischen Situation zu verdeutlichen.

Eigene Vorüberlegungen zum Thema

Führen Sie sich bitte vorab Situationen vor Augen, und halten Sie diese fest, in denen

a) ein Adressat Ihnen „zu nahe" kam,

b) es Ihnen erfolgreich gelang, einen von Ihnen gewünschten nahen Kontakt zu einem Kind/Jugendlichen herzustellen.

Text 16 – Faydim: »Es war für mich ein sehr schönes Gefühl, wenn die Kinder meine Nähe suchten.«

Bearbeitungspunkte

1. Arbeiten Sie heraus, wie die Praktikantin ihre Beziehung zu den Kindern beschreibt, und verdeutlichen Sie die Gefühle der Praktikantin. Wie sieht die Praktikantin sich selbst in der Rolle zu den Kindern und in der Rolle als zukünftige Erzieherin?
2. Welches Ziel verfolgt die Praktikantin zu Beginn des Praktikums, und wodurch kommt sie in eine problematische Lage?
3. Konstruieren Sie ein Reflexionsgespräch, in dem Sie die Aufgabe haben, der Praktikantin zu verdeutlichen, in welcher Weise sie selbst zu der Entwicklung beigetragen hat. Führen Sie dieses Reflexionsgespräch als Rollenspiel in der Lerngruppe durch.

»In der Gruppe, in der ich mein zweiwöchiges Praktikum verbracht hatte, fühlte ich mich ziemlich wohl, denn es lief alles viel besser, als ich es mir vorgestellt hatte.

Beim Anfreunden mit den Kindern hatte ich keine Probleme, davor hatte ich eigentlich vorher meine Bedenken, ich war im unklaren, ob die zwei Wochen eigentlich ausreichend waren, um mich mit den Kindern anzufreunden.

Jedoch verlief alles viel besser, als ich es mir je vorstellen konnte. Ich hatte mich schon am ersten Tag gleich mit den meisten Kindern angefreundet. Ich fühlte mich schon an diesem Tag, als würde ich schon lange zu ihnen gehören. Das war für mich wirklich ein sehr guter Anfang, weil ich vor allem das erste Mal in einem Kindergarten mit Kindern arbeitete.

Ein paar Kinder verhielten sich zwar ein bißchen zurückhaltend, jedoch dauerte es nicht lange und ich hatte mich auch mich mit diesen Kindern angefreundet.

Viele von diesen Kindern waren sehr anhänglich, sie klammerten sich immer an mir fest, so daß ich fast nicht mehr die Möglichkeit hatte, mich fortzubewegen. Trotz meiner Bemühungen, sie darüber aufzuklären, daß ich mich so nicht gut bewegen könnte, weil sie mich daran hindern würden, blieben sie dabei. Wenn es manchmal dann wirklich nicht mehr ging, versuchte die Leiterin, die Kinder von mir loszubekommen, indem sie den Kindern erzählte, daß sie mich in eine andere Gruppe schicken müßte, wenn sie mich so einengen würden, da ließ es eine Weile immer nach, bis sie die Ermahnung wieder vergessen hatten.

Es war zwar für mich ein sehr schönes Gefühl, wenn die Kinder immer meine Nähe suchten, vor allem war es in den ersten Tagen eine große Hilfe für mich, die Nähe der Kinder. Aber anschließend wurde es immer stärker, so daß sich ein paar Kinder es zur Angewohnheit machten, sich an mir festzuhaken und mich fast überall hin zu verfolgen.

Zwei von diesen Kindern waren türkische Mädchen, Hatice (6,11) und Fatma (6,5) Jahre alt. Ich glaube, es war für die beiden etwas Schönes, daß ich auch ihre Sprache konnte und ebenfalls eine Türkin war, denn sie wollten, daß ich mich immer nur auf türkisch mit ihnen unterhalten sollte. Ich sei doch eine Türkin und solle deshalb türkisch reden, weil sie doch das deutsche Fräulein fast nie verstehen würden. Doch ich versuchte ihnen zu erklären, daß es eigentlich für sie viel besser sei, sich im Kindergarten doch auf deutsch zu unterhalten, weil sie doch zuhause sich sowieso auf türkisch unterhalten, sonst würden sie doch nie Deutsch lernen. Ich erklärte ihnen auch, daß ich mich nicht nur um sie kümmern könnte, weil sie sich nur mit mir besser verständigen konnten.

Anschließend half ich Anika, die mit ein paar Kindern am Basteltisch saß und bastelte.

Nach einer Weile kam Fatma zu uns an den Basteltisch, sie schien beleidigt zu sein, denn immer, wenn ich sie angucken wollte, wurde sie ganz traurig und beugte den Kopf nach unten. Da ich sie nicht darauf angesprochen hatte, weil ich mir vorgenommen hatte, es später zu machen, weil ich beschäftigt war und mir mehr Zeit dafür nehmen wollte, um zu erfahren, warum sie beleidigt war, sprach sie mich darauf an.

„Du, Abla", sagte sie auf türkisch, was so ähnlich wie große Schwester hieß, „weißt du was, wir sind sauer auf dich, Hatice und ich, und außerdem ist Hatices Mutter auch ganz sauer auf dich." Als sie das gesagt hatte, war ich sehr überrascht, denn ich konnte mir einfach nicht vorstellen, warum Hatices Mutter auf mich sauer sein könnte, denn weder ich kannte sie, noch hat sie mich jemals gesehen.

Ich war zuerst davon überzeugt, daß sie es nur so gesagt hatte, weil sie sauer auf mich war. Doch als ich sie fragte, woher sie das denn wüßte, sagte sie mit einem leichten Grinsen auf ihrem Gesicht: „Ich war auf dem Flur und wollte meine Jacke holen, da hörte ich Hatices Mutter sagen, daß du richtig böse und doof wärst, denn du würdest dich genauso wie eine Deutsche verhalten, denn du würdest die deutsche Sprache und die deutschen Kinder viel besser finden."

Als sie mir dies alles erzählt hatte, war ich wirklich sehr erstaunt, denn ich konnte mir nicht einfach vorstellen, daß sie sich die ganze Geschichte ausgedacht hatte, denn sie erzählt alles so ernst und ohne zu überlegen, daß man ihr, ohne zu zweifeln, glauben mußte. Da ich ein ganz unwohles Gefühl hatte, wollte ich mich mit Hatice darüber unterhalten, aber ich wußte einfach nicht, wie ich anfangen sollte, denn ich wollte nicht Fatma da hinein verwickeln.

Am nächsten Tag, ich saß mit den Kindern an einem Tisch und bastelte mit ihnen Schiffe, da setzten sich Hatice und Fatma zu uns an den Tisch. Nach einer Weile klammerte sich Hatice wie immer an meinen Arm und sagte: „Abla, ich bin richtig froh, daß du bei uns in der Gruppe bist, ich habe auch zuhause viel von dir erzählt, daß wir ein türkisches Fräulein bei uns in der Gruppe haben, und meine Mutter ist auch froh darüber, daß du bei uns bist, weil du ihr bestimmt helfen würdest, wenn sie sich mal nicht mit den deutschen Erziehern verständigen kann."

Als ich das gehört hatte, guckte ich Fatma an, die neben mir saß und auch aufmerksam zugehört hatte. Sie lachte dann und hielt ihre Hand vor ihren Mund. Da fragte ich Hatice: „Und deine Mutter findet nicht, daß ich irgendwie doof bin?" Und ich guckte dabei Fatma an. „Aber nein", sagte sie, „so etwas Böses würde meine Mutter doch nie sagen", schwor sie auf türkisch. Mir war bewußt geworden, daß die Geschichte, die mir erzählt wurde, einfach nicht stimmen konnte.

Später unterhielt ich mich mit Fatma allein darüber. Sie erzählte mir, daß sie doch nur alles erzählt habe, weil sie der Meinung war, daß ich mich zu wenig um sie kümmern würde.«

Text 17 – Tanja: »Sieht man die Sache objektiv, so ist meine Angst unbegründet.«

Bearbeitungspunkte

1. Die Praktikantin stellt in der Geschichte dar, daß sie gegenüber türkischen Jugendlichen objektiv unbegründet eine große Distanz besitzt. Stellen Sie die von der Praktikantin genannten irritierenden und angsteinflößenden Charakteristika der Jugendlichen zusammen.
2. Erschließen Sie aus dem Text, welche subjektiven Faktoren auf seiten der Praktikantin verursachend sind für ihre Beziehung der Gruppe gegenüber.
3. Beurteilen Sie die Art und Weise, wie die Praktikantin sich mit dem Problem auseinandersetzt.
4. Die Praktikantin schreibt, sie habe sich vorgenommen, mehr auf diese Gruppe einzugehen. Entwickeln Sie ein Feedback, in welchem Sie der Praktikantin die in diesem Kontext bereits gezeigten Kompetenzen rückmelden. Sie sollten sie aber gleichzeitig auch mit ihrer speziellen Wahrnehmung der Situation konfrontieren.
5. Vergleichen Sie Ihre Feedbacks innerhalb der Klasse, und entwickeln Sie gemeinsam Ideen, wie die Distanz in diesem Fallbeispiel und in vergleichbaren Situationen abgebaut werden könnte.

»Unsympathisch und auch teilweise bedrohlich fand ich eine große Gruppe türkischer Jugendlicher, die meist freitags vollzählig zur Disco erschien. Die Gruppe besteht aus hauptsächlich 13 – 16jährigen Jungen und umfaßt etwa 20 Personen. Untereinander sind sie nochmal gesondert in Untergruppen strukturiert, doch konnte ich das nur oberflächlich beobachten. Zu zwei Türken hatte ich einen näheren Kontakt durchs Rommèspielen bekommen, so daß ich diese beiden nicht mehr als bedrohlich empfand. Es ist auch eher dieses Homogene jeder Großgruppe was mich verunsichert. Die meisten türkischen Jungen kommen aus der näheren Umgebung, einige aber auch aus Stadtteilen, die als „türkische Hochburgen" gelten. Hochburgen deshalb, weil dort eben ausgesprochen viele türkische Familien leben. Direkt hinter den Stadtteilen liegen die großen Eisen- und Stahlwerke, die ihren Arbeitern in diesen Stadtteilen billige Wohnungen anbieten. Was die Jungen motiviert, so zahlreich zur Disco zu kommen, ist mir nicht ganz klar. Die meisten sind in der pubertären bzw. nachpubertären Phase und versuchen, sich die Mädchen „an Land zu ziehen". Und das eben verstehe ich nicht, denn zur Disco erscheinen durchschnittlich nur fünf Mädchen, von denen drei täglich im Haus sind. Was weiterhin interessant war zu beobachten, ist das „Herdenverhalten" der Jungen. Einer geht draußen eine Zigarette rauchen, alle folgen. Erst habe ich nur das ständige Rein und Raus wahrgenommen, und als ich Sabine (Erzieherin) danach fragte, meinte diese nur: „Uns geht das auch total auf die Nerven. Vielleicht haben sie ja Hemmungen alleine in der Disco zurückzubleiben, oder sie erzählen sich draußen wichtige Dinge, frag sie doch mal." Am miesesten fand ich die Situationen, wenn mir im Gang eine Gruppe von sechs Leuten entgegenkam und ich dann an ihnen vorbei mußte. Anfangs tat ich dann schon mal so, als hätte ich etwas vergessen, und drehte mich auf dem Absatz um, oder ich ließ den Schlüssel fallen, damit sie vor mir abbiegen konnten. Das konnte ich natürlich nicht ständig „bringen". Die Jungen sollten meine Unsicherheit ja nicht merken, denn dann hätten sie mich in der Hand . Also ging ich dazu über, die Selbstsichere zu spielen, mit erhobenem Kopf, energischem Schritt und festem Blick. Ich zwang mich, ihrem Blick nicht auszuweichen, damit sie keine Ängstlichkeit feststellen. Manchmal grinste ich auch einfach nur. Wenn wir uns dann fast gegenüberstanden, machten sie mir Platz, und versuchten nicht, mir den Weg zu versperren, was man bei deutschen Jungen in dem Alter oft antrifft. Trotzdem rechnete ich oft noch mit einer Gemeinheit, wie Beinchen stellen oder einen Klaps auf den Po, was mich dazu brachte, innerlich angespannt an ihnen vorbeizugehen. An dem ersten Disco-Freitag forderte mich Kerem, ein türkischer Junge, den ich vom Rommèspielen her kannte, zum Blues-Tanzen auf. Okay, dachte ich mir, das bringst du jetzt, allein um den anderen zu zeigen, daß man durchaus auf mich zugehen kann, und um zu zeigen, daß ich keine Vorurteile habe. Während ich mit ihm tanzte, ging auch glatt das Getuschel unter den anderen Jungen los.

Reflexion:

Tja, woraus resultiert nun meine Antipathie und Ängstlichkeit? Aus meiner eigenen Sozialisation; seit 24 Jahren wohne ich im gleichen Haus. In unserer Umgebung wohnen keine Ausländer und haben auch nie welche gewohnt. Es kamen höchstens mal Zigeuner, die ich als Kind exotisch und geheimnisvoll fand. In meinem Wohnfeld jedenfalls, wie auch in meiner Grundschule, gab es keine Ausländer. Innerhalb meines Wohnfeldes gab es nur zwei große Cliquen: die meines Alters und die der meist vier bis fünf Jahre älteren Geschwister. Auf dem Gymnasium waren ebenfalls so gut wie keine Ausländer, in dem Jugendheim, welches ich ab und zu besuchte, kann ich mich auch an keine erinnern. Erst mit 16,17 kam ich flüchtig mit ihnen in Kontakt. Es ergab sich einfach nicht anders. Die Feindlichkeit gegenüber Ausländern konnte ich deshalb auch nicht nachvollziehen. Ich hatte nie Erfahrungen mit ihnen gemacht, also auch keine negativen. So blieben sie mir immer fremd, und ich konnte sie nur aus der Distanz beobachten. Durch Zufall sah ich vor Jahren im Eschhaus den Film „Yol", der mir einiges über türkische Lebensgewohnheiten, Alltag und Kultur nahebrachte. Vielleicht habe ich auch Angst, mich falsch zu verhalten, denkt man an die Rolle der Frau in der türkischen Familie und an die Vorurteile mancher Türken gegenüber deutschen Frauen. All das beschäftigt mich nun wieder verstärkt. Aus meinem Mangel an Erfahrungen im Umgang mit Türken neige ich auch dazu, Verhaltensweisen deutscher Jugendlicher auf türkische zu projizieren. Dabei habe ich im nachhinein festgestellt, daß ich überhaupt nichts zu befürchten habe. Wenn ich jetzt so die Szene im Gang vor Augen habe, so ist es vielleicht eine Art „Urangst", Panik dem männlichen Geschlecht gegenüber. Die Angst, sich nicht wehren zu können, ausgeliefert, handlungsunfähig zu sein. Was für ein Quatsch! Sieht man die Sache objektiv, so ist meine Angst echt unbegründet, denn was sollen die Jungen im Jugendheim schon mit mir machen?! Da ist die S-Bahn-Haltestelle wesentlich gefährlicher, und da überkommt mich keine Panik.

Veränderungen während des Praktikums
Letzten Samstag war von 17.00 – 20.00 Uhr Disco für die 13–15jährigen. Die fünf Mädchen waren wieder da, fünf deutsche Jungen (sie haben Angst, von den Türken verprügelt zu werden, weshalb sie auch nicht mehr erscheinen) und etwa 22 Ausländer. Sabine hatte sich mit der Basisgruppe Tanzspiele ausgedacht und wollte diese in die Disco integrieren. Anfangs gab es auch wieder das übliche Gerenne nach draußen. Ich hielt mich vorne an der Kasse auf und kam dadurch mit einigen Jungen ins Gespräch. Es waren nur kurze Wortwechsel und Fragen nach meinen Aufgaben im Jugendheim, doch beseitigten sie Unklarheiten bei den Besuchern, und mir fiel es nachher leichter, ihnen zu begegnen. Man lächelte sich an, wenn man sich begegnete. Als Sabine mit dem Spielen begann, hörte das Gerenne nach draußen tatsächlich auf, und ich wurde häufiger von den Jungen angesprochen, weil sie erfahren wollten, was als nächstes passiert. Ich nutzte ihre Fragen, um sie gleichzeitig zum Mitspielen zu motivieren.

Was ich immer wieder erstaunlich finde, ist, daß ich von den türkischen Jungen mit „Sie" angesprochen werde. In so eine Anrede läßt sich gut eine Art Respekt mir gegenüber hineininterpretieren, was wiederum dem Selbstbewußtsein gut tut. Ich habe mir vorgenommen, mehr auf diese Gruppe einzugehen, um sie und die Strukturen, die sie umgeben, besser kennenzulernen. Das wird bestimmt nicht einfach sein, doch fänd ich es toll, wenn ich sie motivieren könnte, mal selbst etwas zu machen oder zu planen und nicht nur zu konsumieren.«

Übergreifende Fragestellungen

Die Geschichten sind der Entwicklungsaufgabe III (Entwicklung eines Konzepts für das eigene pädagogische Handeln) zugeordnet (vgl. Seite 69). Triebfeder für das pädagogische Handeln ist in beiden Fällen gleichermaßen bewußt oder unbewußt das Grundproblem von Nähe/Distanz. Machen Sie sich diesen Gesichtspunkt im nachhinein bitte im einzelnen deutlich.

- Verdeutlichen Sie sich selbst Ihr Verhältnis zu den zu Beginn des Abschnitts vorab vergegenwärtigten Adressaten.
- Spielen Sie in der Kleingruppe eine Teamsitzung als Rollenspiel, in der Sie ihren Kolleginnen/Kollegen Ihr pädagogisches Problem mit diesen Adressaten darstellen. Ziel der Diskussion soll es ein, den Zufallscharakter und die Undurchsichtigkeit des pädagogischen Verhältnisses zu klären. Hierzu sollen Sie Ihr Berufsrollenverständnis und Ihre Wahrnehmung der Adressaten verdeutlichen und sich mit den Ratschlägen und der Kritik der Kolleginnen/Kollegen konstruktiv auseinandersetzen.

2.3.3 Sich vorbereiten

In diesem Abschnitt wollen wir uns mit der Fragestellung der Planung beschäftigen.
Wir müssen uns fragen, von welchen Bedeutsamkeiten heraus der einzelne plant.
So kann es sein, daß sich aus einer Beobachtung eine Planung ergibt.
Eine andere Möglichkeit kann eine sich spontan ergebende Situation sein.
Oftmals sind in den Einrichtungen bestimmte Themenschwerpunkte vorgegeben, auf die Sie sich vorbereiten müssen. Gerade in der Arbeit mit älteren Kindern und Jugendlichen ergibt sich häufig die Situation, daß Themenwünsche an Sie herangetragen werden, auf die Sie sich einlassen müssen. Nicht zu vergessen aber auch die Chance, mal etwas auszuprobieren, was Ihnen selbst Freude macht.
Die Situationen für die Aktionsplanungen können sehr unterschiedlich sein und somit auch die Möglichkeiten, sich entsprechend vorzubereiten.

So ist eine Planung Schritt für Schritt durchorganisiert, und in der nächsten sind nur Schwerpunkte beschrieben. Es kann Wort für Wort vorher geplant sein, was man mit den Kindern spricht, oder nur Stichpunkte fixieren ein Gespräch. Eine Bastelarbeit oder Turnübung wurde vorher ausprobiert, oder man schaut mal, was die Kinder daraus machen. Informationen über die Kinder werden eingeholt, so daß man sich auf sie genau einstellen kann, oder man stellt sich auf die momentane Situation der Kinder ein, ohne beeinflußt zu sein.
Es lassen sich sicherlich für alle genannten und noch nicht genannten Vergleiche Vor- und Nachteile nennen.

Eigene Vorüberlegungen zum Thema

Bevor Sie die folgenden Geschichten lesen, halten Sie bitte für sich selbst fest, wie Sie sich in den vergangenen Praktika auf Aktionen vorbereitet haben:

- Schreiben Sie die Vor- und Nachteile dieser Möglichkeiten auf.
- Überlegen Sie, ob es bestimmte Ausgangslagen gab, die besondere Vorbereitungsstrategien notwendig machten.

Text 18 – Heike: »Ausprobieren geht über Studieren.«

Bearbeitungspunkte

1. Halten Sie fest, welche Vorbereitungsmöglichkeiten die Praktikantin genutzt hat.
2. Untersuchen Sie, vor welche pädagogischen Probleme die Praktikatin gestellt wird und wie sie damit umgeht. Schreiben Sie auf, welche Probleme Ihrer Meinung nach aus der Planung resultieren und welche Alternativen Sie vorschlagen würden.
3. Die Praktikantin schreibt in der Reflexion, daß sie nicht genügend informiert gewesen sei, die Turnstunde am nächsten Tag aber mit anderen Kindern noch einmal gemacht hat.
   Geben Sie der Praktikantin Hinweise, welche Informationen sie einholen sollte, damit die Turnstunde beim zweiten Mal gelingt.

»Da Biggy und Ursel noch ziemlich neu in der Kita waren, gingen nicht alle Dinge ihren gewohnten Lauf. Zum Beispiel das Turnen mit den Kindern. Da nun aber auch keine von beiden die nötige Zeit dazu fand, wurde ich gefragt, ob ich nicht einmal mit den Kindern turnen möchte. Ich hatte es zwar noch nie zuvor gemacht und auch noch nie die Gelegenheit gehabt, dies bei anderen Erzieherinnen bzw. Erziehern richtig zu beobachten, aber Ausprobieren geht über Studieren, dachte ich mir.

Damit ich mir einige Übungen zusammenstellen konnte, habe ich mir das Buch „Stundenbilder zur Bewegungserziehung" ausgeliehen und kopiert. Dort fand ich schon einmal einige Turnübungen. Als ich mir dann einen kleineren Ablaufplan notiert hatte, fragte ich den anderen Erzieherinnen Löcher in den Bauch.

Wie viele Kinder soll ich wohl nehmen? Sind diese Übungen wohl auch geeignet? Kann ich dazu auch ruhig die Handtrommel nehmen?

Als es dann soweit war, war ich sehr gespannt. Leider Gottes ging diese Turnstunde ziemlich daneben. Zunächst einmal dauerte es wahnsinnig lang, bis die Kinder sich umgezogen hatten. Das machte mich schon relativ unruhig. Dann lief irgendwie kaum etwas nach Plan.

Zu Anfang hatte ich alle Reifen auf den Boden gelegt, und alle Kinder sollten im Takt zur Handtrommel kreuz und quer durch alle Reifen laufen. Danach sollten sich alle Kinder in einen Reifen setzen und ihn mit beiden Armen hochheben, bis ich laut auf die Handtrommel haue, und dann den Reifen leise absetzen. Anschließend sollten die Kinder im Takt zur Trommel in den Reifen hineinhüpfen und beim nächsten Schlag wieder rausspringen. Dann sollten die Kinder die Reifen mit beiden Armen durch die Luft schwenken, ohne jedoch dabei ein anderes Kind zu treffen.

Danach sollten sich immer zwei Kinder zusammentun. Eines davon sollte beide Reifen festhalten, während dann das andere hindurchkrabbelt. Zum Abschluß wollte ich dann das Spiel „Reise nach Jerusalem" mit den Kindern spielen. Das Kind, das ausscheidet, sollte sich dann schon einmal umziehen gehen.

Tja, ich hatte mir alles ganz toll vorgestellt, und ich bin auch nach meiner gelungenen Backaktion optimistisch an die Sache rangegangen. Jedoch wurde ich ziemlich schnell wieder auf den Boden der Tatsachen zurückgestellt und bekam einen ganz schönen Dämpfer. Es klappte nämlich kaum etwas. Die Kinder waren total aufgedreht und spielten mit den Reifen rum, befolgten kaum meine Anweisungen. Diese hätte ich als Kind wahrscheinlich auch nicht befolgt, denn meine Stimme war außerordentlich grell, und ich redete wie ein Wasserfall auf die Kinder ein. Je mehr ich merkte, daß alles nicht so klappte, wie ich es mir vorgestellt hatte, desto hektischer redete ich auf die Kinder ein.

Da weder Biggy noch Ursel zu diesem Zeitpunkt Zeit hatten, sich meine erste (aber nicht letzte!) Turnstunde anzugucken, erklärte sich Frau Reiter dazu bereit. Anschließend besprachen wir das ganze Chaos.

Reflexion:

Ich hatte mich wohl zu wenig vorher informiert, denn sonst wären mir einige Fehler nicht unterlaufen.

Zuerst einmal hatte ich den Kindern keine Ausprobierphase mit dem Reifen gegeben. Hätte ich dies gewußt und auch getan, wären die Kinder vielleicht dann während der anderen Übungen ruhiger geblieben, weil sie den Reifen zu Anfang vollkommen erkundet hatten.

Dadurch, daß die Kinder ziemlich unruhig waren, bin ich immer nervöser geworden und hatte das Gefühl, daß jetzt endgültig alle Stricke reißen würden. Meine Nervosität übertrug sich verständlicherweise auf die Kinder. Wenn ich von meinem eigentlichen Übungsplan abgelassen hätte und den Kindern die Möglichkeit gegeben hätte, ihre eigenen Ideen einzubauen, hätte sich alles noch zum Guten wenden können.

Ein weiterer Fehler, der durch ausreichende Information nicht vorgekommen wäre, war, daß ich Kinder aus verschiedenen Altersgruppen genommen habe. So waren die Älteren unterfordert und die Kleineren teilweise überfordert.

Wenn ich besser Bescheid gewußt hätte, dann hätte ich den Schluß der Turnstunde besser gestalten können. Es war keine gute Idee, den Kindern zu erklären, daß sie sich nach dem Ausscheiden aus dem Spiel sofort umziehen müssen. Vielmehr hätte ich die Kinder dann noch mit einbeziehen können, indem zum Beispiel das ausgeschiedene Kind, solange bis das nächste Kind ausscheidet, auf die Trommel klopfen darf. Für die Kinder hätte das Spiel dann nicht ein so abruptes Ende gehabt, und kein Kind wäre als richtiger Verlierer gegangen.

Außerdem wäre es besser gewesen, den Kindern alle Übungen selber vorzumachen. Die Kinder hätten nämlich dann gewußt, wie sie die Übungen machen sollten, und wären dadurch vielleicht nicht auf „dumme" Gedanken gekommen.

Was mir hinterher noch eingefallen ist, war, daß ich toleranter hätte sein müssen. Anstatt auf korrekte Ausführung der Übungen zu bestehen, wäre es besser gewesen, den Kindern genügend Freiraum zu lassen.

Am nächsten Tag habe ich es dann nochmal versucht, allerdings mit anderen Kindern. Da ich ja nun besser informiert war, klappte auch alles schon viel besser.«

Text 19 – Rebecca: »Schritt für Schritt«

Bearbeitungspunkte

1. Führen Sie sich die Ausgangslage der Planung vor Augen, und untersuchen Sie, wie daraus die Themenstellung erwachsen ist.
2. Verfolgen Sie Schritt für Schritt die Planungsgedanken der Praktikantin, und halten Sie diese stichpunktartig fest.
3. Geben Sie der Praktikatin ein kurzes Feedback, und gehen Sie dabei besonders auf ihre Vorbereitungen ein. Nutzen Sie dafür auch die Ergebnisse der Aufgabe 2.
4. Markieren Sie im Text die Stellen, von denen an Sie anders geplant hätten. Sammeln Sie Alternativen, und wägen Sie diese ab.

»Da die vorherige Woche unserer Gruppe unter dem Motto „Hör mal" stand, wollte ich das Thema noch einmal aufgreifen und mit einer Teilgruppe der Kinder ein Memory-Spiel herstellen.

Die vorangegangenen Tage waren ausgefüllt mit dem Basteln von Bechertelefonen, Rasseln und Geräuschdosen. Außerdem haben wir verschiedene Geräuschspiele kennengelernt und sogar einen „Hörspaziergang" gemacht. Die Kinder haben so eine gute Grundlage zu diesem Themengebiet bekommen und können unterscheiden zwischen laut und leise, hell und dunkel, schrill und gedämpft. Außerdem bereitet es ihnen keine Schwierigkeiten, die verschiedensten Geräusche, auch eher ungewöhnliche, aufzuzählen und zu benennen.

Dies alles spielte bei den Überlegungen und Vorbereitungen des pädagogischen Experimentes eine Rolle, und schließlich war die Idee zu dem „Hör-mal-Memory" geboren. Die Kinder sollten die Möglichkeit erhalten, ihr neu erworbenes Wissen sinnvoll einzusetzen.

Nun trat aber die Frage auf, mit welchen und wie vielen Kindern soll diese Malaktion stattfinden? Da die älteren Kinder am Schulnachmittag zusätzlich Geräuschspiele ausprobiert hatten und das Thema ausführlicher behandelten als die Kleinen in der Gruppe, entschloß ich mich, gemeinsam mit den acht Schulkindern zu malen. Schließlich wollte ich niemanden überfordern.

Nachdem ich mein Vorhaben mit der Gruppenleiterin abgesprochen hatte, trat die nächste Frage auf. Sollen die Kinder die Memory-Karten selber zuschneiden, oder soll ich ihnen die vorgefertigten Karten zur Verfügung stellen? Ich fand es besser, die

Karten im voraus auf unserer Schneidemaschine fertig zu machen, da ich ja eine Mal- und keine Bastelaktion geplant hatte. Schneiden und malen fand ich für die Kinder zuviel auf einmal.

Nun, nachdem auch dieser Punkt geklärt war, sprach ich mit der Gruppenleiterin ab, daß die Malaktion im Hort stattfinden sollte. Ich wollte mit den Kindern zu Beginn ein ruhiges Gespräch führen und fand den Trubel im Gruppenraum mit all den Kleinen nicht dazu geeignet.

Da die wichtigsten Dinge inzwischen abgeklärt waren, machte ich mir noch eine kurze Skizze für den Montagmorgen.

Ich stellte eine Namensliste zusammen, machte einige Stichworte zum Einführungsgespräch, schrieb mir für den Notfall, falls den Kindern nicht genügend Geräusche einfallen sollten, ein paar Ideen auf und machte einige Notizen zum Ablauf der Aktion. Es sollte ja möglichst alles klappen.

Am Montagmorgen, bevor die Kinder kamen, stellte ich die Tische im Hort, befestigte Malunterlagen, legte die Memory-Karten, genügend Buntstifte und Anspitzer zurecht. Ich achtete darauf, daß alles da war, damit ich während der Malaktion nicht aus dem Zimmer mußte. Nach und nach trafen die Kinder ein. Für sie ein ganz normaler Tag, doch ich war schon etwas nervös.

Ich erklärte den Schulkindern, daß wir an diesem Vormittag zusammen ein Spiel herstellen wollten, und sorgte dafür, daß sie vor dem Start gefrühstückt hatten.

Gegen 10.00 Uhr ging es dann los. Gemeinsam mit meiner Lehrerin, der Gruppenleiterin und den Kindern zogen wir in den Hort. Nachdem wir uns alle um den Tisch gesetzt hatten, erklärte ich den Kindern, was es mit diesem Memory auf sich hatte. Wir überlegten gemeinsam, welche Geräuschspiele wir kennengelernt hatten und welche Geräusche ganz allgemein bekannt sind. Nachdem die ersten Hürden genommen waren, plapperten sie dann munter drauflos. Bald hatte jedes Kind ein Geräusch gefunden, das es malen wollte.

Ich teilte die Karten aus, und wir stellten zusammen fest, daß das Besondere an einem Memory die doppelte Ausführung war.

Nun ging das Malen los: Staubsauger, Vögel, Fernseher, Hund, Wellen und sogar ein trinkendes Kind entstanden. Das Malen schien solche Freude zu machen, daß bald schon jeder ein zweites und drittes Pärchen hergestellt hatte. Sogar die Ersatzkarten, die nur für einen Notfall vorgesehen waren, gingen weg wie warme Semmeln. Ich war erleichtert, daß die Kinder mit Freude bei der Sache waren.

Als ich nur noch ein Blanko-Pärchen hatte, wollten gleich zwei Kinder noch etwas malen. Was tun? Um niemanden zu bevorzugen oder zu verletzten, teilte ich die Karten auf. Jedes Kind erhielt eine. Nun einigten die beiden sich untereinander auf ein Motiv und achteten sogar darauf, daß die Bilder Ähnlichkeit hatten.

Nachdem das Malen abgeschlossen war, betrachteten wir gemeinsam die Bilder, und die Kinder erzählten, was sie auf den Karten erkennen konnten. Natürlich wurde das neue Spiel auch gleich eingeweiht. Dann beendete ich die Aktion mit einem großen Lob für das tolle Mitmachen und schlug vor, nun den anderen Kindern in der Gruppe das neue Memory zu zeigen und gemeinsam mit ihnen zu spielen. Im nachhinein betrachtet, bin ich ziemlich erleichtert, daß mir diese erste pädagogische Aktion ohne größere Schwierigkeiten gelungen ist. Allerdings gibt es auch einige Punkte, die ich beim nächsten Mal anders machen würde.

So finde ich, daß z. B. der Einstieg, das Einführungsgespräch, zu sehr auf Schule ausgerichtet war. Eigentlich ist für Kinder dieser Altersstufe das Spiel die Art und Weise, wie sie sich mit ihrer Umwelt auseinandersetzen. Sicherlich hätten sie mehr Spaß gehabt, wenn wir das Thema spielerischer, eventuell unter Einbeziehung von Anschauungsmaterial aufgegriffen hätten.

Außerdem habe ich das Gefühl, daß die Kinder Hemmungen hatten und sich von der fremden Lehrerin beobachtet fühlten. Diese Bedenken hätte ich ihnen von Anfang an nehmen können, wenn ich erklärt hätte, daß eigentlich ich diejenige bin, deren Verhalten bewertet wird. Während wir nach dem Malen die Bilder betrachteten, fiel mir auf, daß Aylin, ein türkisches Mädchen, etwas abseits saß und sich auch nicht am Gespräch beteiligte. Normalerweise hätte ich sie sofort ansprechen und in die Unterhaltung miteinbeziehen müssen. Da ich die Aktion aber ohne Probleme bewältigen wollte, war ich froh, daß die übrigen um so mehr redeten. Ich denke mir, daß auch meine Hemmungen in solchen Situationen mit der Zeit kleiner werden und ich mich dann verstärkt solchen Kindern zuwenden und ihnen bei der Bewältigung ihrer Schwierigkeiten helfen kann. Alles in allem hatte aber auch ich Freude an diesem ersten pädagogischen Experiment. (. . .)«

Text 20 – Jutta: »Ich konnte einfach nicht überall gleichzeitig sein.«

Bearbeitungspunkte

1. Von welchen Grundlagen geht die Praktikantin bei ihrer ersten Freispielführung aus?
2. Welche Erfahrungen macht sie bei ihrer eigenen Freispielführung? Was sind ihre Begründungen für eine Planung/die Veränderung der Vorbereitung?
3. Welche Ziele sind für die Planung der Praktikantin im Freispiel tragend, welche Methoden werden deutlich?
4. Gehen Sie von Ihren eigenen Erfahrungen aus, und führen Sie ein Beratungsgespräch mit der Praktikantin.

»I. Freispielführung ohne Planung

Wir (die Erzieherin und ich) haben dienstags festgelegt, daß ich Mittwoch die erste „Freispielführung" übernehme. Weiter haben wir nicht darüber gesprochen, von mir aus konnte ich noch keine konkrete Frage stellen, da ich nicht genau wußte, „was auf mich zukommt", geschweige denn, wo eventuelle Probleme liegen.

Bisher habe ich die Erzieherin nur bei ihrer Freispielführung beobachten können, und ich hatte immer ein Stück weit den Eindruck, sie würde durch den Raum „rotieren". Außerdem war sie gegen 12 Uhr, nach einer Freispielführung, meist sehr genervt.

Bei der ersten Freispielführung war ich etwa 2,5 – 3 Stunden allein in der Gruppe. Zu Beginn war es noch relativ leicht, den Überblick zu behalten, da noch nicht so viele Kinder da waren. Ich habe am Maltisch gesessen und Anregungen zum Malen gegeben (ich habe die Kinder gefragt, was sie malen, und dann dementsprechend Anregungen gegeben). Zum Beispiel hat Andrea (5,6) einen Nikolaus gemalt und dabei Mütze, Bart etc. vergessen. Wir haben dann mit allen Kindern am Tisch überlegt, wie ein Nikolaus aussieht, dann habe ich noch ein Buch dazu geholt. Zwei Kinder kamen in die Gruppe, sie standen erst noch etwas unschlüssig herum, kamen dann an den Tisch und guckten eine Weile zu. Etwas später fragte ich sie, ob sie nicht auch Lust hätten zu malen, vielleicht mit den Cromar-Farben (ähnlich wie Plaka-Farbe). Sie griffen meine Idee interessiert auf, und so holten sie Papier, Kittel, die Farbe und Pinsel. Ich zeigte ihnen eine mögliche Technik, die sie zu Anfang auch begeistert aufgriffen, später dann erweiterten.

Im Laufe der Zeit wurde es jedoch im Gruppenraum immer voller und somit auch lauter. Immer mehr Kinder kamen zu mir, wollten die Schuhe zugemacht haben, neue Cornflakes in eine Schüssel gefüllt haben, ein Bilderbuch angucken etc. Ich hatte das Gefühl, ich bräuchte sechs Arme und fünfmal mehr Zeit. Dann wurde Gitta gebracht, die weinte, als ihre Mutter ging. Ich nahm sie auf den Arm, tröstete sie ein wenig und schlug ihr Dinge vor, die sie jetzt machen könnte, doch sie hatte zu nichts Lust. Sie hörte aber immerhin auf zu weinen, folgte mir von nun an jedoch wie ein Schatten, so daß ich fast über sie gestolpert wäre. Ab und an ließ sie sich dann doch überreden, mit einem Kind ein Spiel zu spielen, doch meist beschränkte sie sich darauf, mir zu „helfen". Im Laufe des Vormittags mußte ich oft Kinder, die mit mir ein Spiel spielen wollten, auf später vertrösten. Das gleiche galt für die Kinder, die Bilderbücher gucken wollten, den Kindern mußte ich jedoch immer neue Angebote bzw. Ideen „liefern", die sie ohne mich durchführen konnten, damit sie nicht völlig frustriert irgendwo herumsaßen. Ich versuchte zuerst die Kinder zu überreden, die Spiele und die Bilderbücher ohne mich anzugucken bzw. zu spielen, doch es half nichts. Sie wollten mit mir spielen oder gar nicht!

Alles in allem war ich nach drei Stunden ziemlich fertig und froh, mit den Kindern nach draußen gehen zu können. Mir war aber zu diesem Zeitpunkt schon klar, daß ich das Freispiel anders organisieren muß. Ich konnte einfach nicht überall gleichzeitig sein!

Das Aufräumen ging ziemlich reibungslos vonstatten, so daß ich mir dazu keine Gedanken machen mußte.

Am Nachmittag habe mich dann hingesetzt und mir überlegt, was mich eigentlich so viel Zeit kostet und was die Kinder davon allein bewältigen können.

Das erste, was mir dazu einfiel, war das Schuhezumachen. Warum mußte ich den Kindern die Schuhe zumachen? Es gibt genug Kinder, die das auch können. Ich beschloß also, in Zukunft die Kinder, die die Schuhe zugemacht haben wollten, zu einem anderen Kind zu schicken, das das Schleifemachen schon beherrscht. Natürlich würde ich das nicht mit jedem Kind machen, da einige damit einfach überfordert wären. Den anderen Kindern würde ich in etwa sagen: „Du, ich habe im Augenblick keine Zeit, geh bitte zu einem Kind, das die Schleife schon kann, z. B. zu Sandra oder Sven, und frage sie, ob sie dir helfen." Mit den jüngeren Kindern bzw. mit denen, die überfordert wären, würde ich etwas vorsichtiger verfahren und z.B. ein Kind rufen, das die Schuhe zumachen kann, und es bitten, dem anderen Kind zu helfen.

Weiter habe ich überlegt, daß die Kinder sich Cornflakes, Brot oder Wurst auch selber nachnehmen können, wenn z. B. die Cornflakes nicht auf dem hohen Regal stehen, das Brot nicht in der festverschlossenen Frischebox ist usw.

Auch darauf wollte ich die Kinder in Zukunft immer wieder hinweisen, dann erlangen sie auch ein Stück mehr Selbständigkeit.

Die Sache mit dem Brettspiel, das die Kinder nicht ohne die Erzieherin spielen wollen, ist etwas komplexer. Ich versuche schon seit einigen Wochen, mich immer stärker aus diesen Spielen zurückzuziehen. Ich leite das Spiel an, die Kindern bauen auf, holen Figuren raus, und ich teile mit, daß ich nicht mitspiele, sondern nur zugucke. Wenn das Spiel dann einmal in Gang ist, ziehe ich mich zurück. Manchmal klappt es, und die Kinder spielen weiter, aber häufig ist es auch so, daß wenige Minuten später das Spiel weggeräumt wird. Wir haben auch alte Spiele aus der Gruppe herausgenommen und dafür einige neue eingeführt, das hat uns aber wenig weitergebracht. Ich denke, in diesem Fall ist Ausdauer angesagt.

Freispielführung, so glaube ich, ist eine Sache der Übung und der Erfahrung. Man muß lernen, den Überblick zu bewahren und bestimmten Dingen Vorrang zu gewähren, aber auch sinnvoll organisieren ist wichtig.

II. Geplante Freispielführung

Planung

Die Absprache wurde am Tag zuvor getroffen. Die Erzieherin wollte mit einigen Kindern Laternen basteln (deren Eltern nicht zum Laternenbasteln kommen konnten). Weiter wollte sie sich für das Frühstück verantwortlich fühlen.

Ich beschloß daraufhin, mich morgens, falls Kinder am Maltisch sitzen, dazuzusetzen, um dort wieder Anregungen zu geben (z. B. Figuren mit Armen, Beinen etc. zu malen, mit dem Hinweis auf ihre eigenen Arme und Beine, oder aber Bücher als Anschauungsmaterial am Tisch zu haben).

Weiter wollte ich einige Kinder dazu anregen, auf dem Bauteppich zu bauen, z. B. eine Autobahn, da die Kinder sehr gern mit den Autos spielen und damit durch den Raum rennen.

Ich erinnerte mich dann noch daran, daß ich von einer anderen Aktion noch Cromar-Farbe mit Kleister vermischt und eingeschnittene Tapete im Schrank liegen hatte. Also beschloß ich, die Tapete auf dem Boden auszubreiten und stattdessen den Wasserfarbentisch rauszustellen, so daß, falls die Kinder Lust haben, sie dort malen können.

Mehr wollte ich mir nicht vornehmen, da es häufig zu spontanen Ideen kommt, die die Kinder in die Gruppen einbringen. Ich wollte mir alle Spontaneität nicht durch einen verplanten Tag kaputt machen.

Weiter wollte ich natürlich darauf achtgeben, daß ich die Sache mit dem Schuhezumachen weiter konsequent verfolge (ich hatte schon einige Tage vorher damit angefangen). Allerdings konnte ich Cornflakes und Brot nicht so hinstellen wie geplant, da die Erzieherin sich in der Frühstücksecke verantwortlich fühlte und diese Idee nicht umsetzen wollte.

Auch wollte ich „mit" den Kindern Brettspiele spielen und mich wie geplant aus dem Spiel herausziehen.

Durchführung

Tatsächlich setzten sich die ersten Kinder an den Maltisch und begannen ihre Werke. Ich setzte mich dazu, „quatschte" mit ihnen, fragte nach den Bildern, gab Anregungen und holte Bücher dazu, z. B. als ein Kind eine Schlange malen wollte.

Meike erzählte, daß sie am Nachmittag vorher mit ihrem Vater aus Legosteinen ein Haus gebaut hat, daraufhin habe ich sie gefragt, ob sie nochmal Lust hatte, mit Lego zu bauen. Sie war sofort hellauf begeistert, so habe ich die Bausteine aus der anderen Gruppe geholt und sie auf den Bauteppich gestellt. Kaum saßen Meike und ich dort, kamen noch einige andere Kinder angelaufen und wollten mitmachen, was sie natürlich auch konnten. Nachdem wir dann alle gemeinsam überlegt haben, was wir bauen wollten, begann ein eifriges Bauen, und ich konnte mich ohne weiteres zurückziehen.

Mittlerweile waren wieder einige Kinder gekommen, und ich bot einigen an, mit der Kleisterfarbe zu malen. Sie griffen die Idee auch sofort auf und machten sich ans Werk. Immer wieder wechselten die Kinder sich ab, und es malten immer neue Kinder auf der Tapete.

Etwas später kam Dominik (5,9) und erzählte mir, daß er am Tag zuvor mit seinem Vater Möbel umgestellt hat, und so schlug ich vor (da ich es mir sowieso vorgenommen hatte), daß wir gemeinsam die Malecke umstellen könnten. Er war sofort begeistert, und Klaus, der zugehört hatte, auch. Wir überlegten gemeinsam, wo der Tisch stehen sollte, wo der Schrank usw. Wir probierten einige Möglichkeiten aus und entschieden uns für die, die unserer Meinung nach die geeignetste war. Zwischendurch habe ich anderen Kindern immer wieder neue Anregungen gegeben und Streit geschlichtet. Am meisten hat mich jedoch die Tatsache begeistert, daß Kinder, die sonst nie oder nur sehr selten miteinander spielen, plötzlich in „trauter Einigkeit" auf dem Bauteppich saßen und die tollsten Sachen aus den Legosteinen bauten.

Die Erzieherin war die meiste Zeit des Vormittags nicht in der Gruppe, was ich als sehr angenehm empfand, einfach, weil ich somit der unmittelbare Ansprechpartner für die Kinder war, auch konnte ich das Freispiel so gestalten, wie ich es wollte. Allerdings kam somit auch die Verantwortung für das Frühstück dazu, was aber weiter kein Problem war, da ich sofort die Cornflakes auf den Teewagen gestellt habe und das Brot ebenfalls so hingelegt habe, daß es für die Kinder erreichbar war. So brauchte ich nur ab und zu das Spülwasser zu wechseln.

Reflexion

Ich denke, das Planen war nicht schlecht, wobei ich es aber wesentlich besser finde, im nachhinein zu reflektieren und zu überlegen, wo sind Ansatzpunkte und was kann ich am nächsten Tag aufgreifen, also schon ein Stück weit Planung, aber nicht abgehoben vom Tag zuvor und den Situationen, die sich am Tag ergeben. Wichtig ist es auch zu sehen, wo kann ich Situationen einrichten, die für die Kinder ein Stück weit mehr Unabhängigkeit vom Erzieher (vom Erwachsenen) bedeuten, z. B. daß sie sich am Frühstückstisch bestimmte Dinge selber nachfüllen können etc.

Auch finde ich es wesentlich sinnvoller, sich mit Hilfe der Erzieherin ein Bild von jedem einzelnen Kind zu schafffen, so daß man sich überlegt: Wo steht das Kind? Was kann es besonders gut? Womit beschäftigt es sich im Kiga? In welchen Bereichen wäre noch Förderung notwendig? Wo hat es Defizite? usw. Auf diese Dinge, so meine Meinung, wäre es wichtig während des Freispiels einzugehen und individuelle Angebote zu machen, denn es ist wenig sinnvoll, in einen „Aktionismus" zu verfallen und dabei das einzelne Kind zu übersehen.

Uns ist aufgefallen (während wir eine solche Situationsanalyse aufgestellt haben), daß wir bestimmte, Kinder in der Gruppe haben, die alle Bastelangebote begeistert aufgreifen, jedoch so gut wie nie irgendwelche Rollenspiele spielen, also haben wir es uns zur Aufgabe gemacht, beim nächsten Mal, wenn diese Kinder (siehe Situationsanalyse) nicht wissen, was sie machen sollen bzw. neue Bastelanregungen haben wollen, zu einem Rollenspiel anzuregen, z. B. Kasperlepuppen, da eines der Kinder schon mal eine Handpuppe mitgebracht hat und ganz toll damit gesprochen hat.

Zurück zu der eigentlich stattgefundenen Freispielführung. Es fiel mir diesmal schon erheblich leichter, die Übersicht zu bewahren und „angemessen" auf bestimmte Dinge zu reagieren. Ich hatte nicht mehr das Gefühl, ich müßte überall gleichzeitig sein, sondern konnte, ohne schlechtes Gewissen, bestimmten Dingen den Vorrang geben. Häufiges Schuhezumachen entfiel, so wurde ich von einzelnen Aktivitäten nicht so leicht abgelenkt.

Ich denke, ein „gutes" Freispiel ist auch abhängig von einem sinnvoll eingerichteten Gruppenraum, der die Kinder anspricht und zu immer neuen Aktivitäten anregt.«

Übergreifende Fragestellungen

1. Erarbeiten Sie die drei verschiedenen Möglichkeiten, sich vorzubereiten, und vergleichen Sie diese Methoden.
2. Vergleichen Sie die drei Geschichten noch einmal, und stellen Sie heraus, in welcher es mehr um Planung und in welcher es mehr um Intuition geht.
   Überlegen Sie bitte, wie Sie selbst zu diesen beiden Möglichkeiten stehen und unter welchen Umständen Sie sich für die eine oder andere Möglichkeit entscheiden würden.
3. Sie werden später in die Situation geraten, angehenden Erzieherinnen auch zu dieser Thematik Hilfestellungen zu geben.
   Halten Sie bitte fest, was Sie der Praktikantin, die ihr erstes Praktikum absolviert, zur Fragestellung der Vorbereitung sagen würden.
4. Gehen Sie in die nächste Bücherei, und suchen Sie Bücher zur Thematik aus.
   Bringen Sie diese in den nächsten Unterricht mit, oder erstellen Sie eine Literaturliste.

2.3.4 Handlungspläne entwickeln

An den verschiedenen Geschichten des Buches ist inzwischen sicher schon deutlich geworden, daß der pädagogische Alltag nicht darin besteht, Aktionen zu entwickeln und durchzuführen. Die Komplexität von alltäglichen Situationen und von besonderen Problembereichen erfordert es, den Kindergarten als Lebensraum der Kinder insgesamt zu begreifen und bei immer wieder auftauchenden Problemen eventuell auch Strukturen und Alltagsgewohnheiten zu verändern. Dies ist besonders in der Phase der Ausbildung ein sehr hoher Anspruch, zumal Praktikantinnen oft nicht sehr lange in der Einrichtung sind und auch nur eine begrenzte Möglichkeit der Intervention haben. Hinzu kommt, daß die Schüler bzw. Praktikanten in der Fachschule immer noch zu sehr an der guten Durchführung von Aktionen gemessen werden.
In den folgenden beiden Beispielen wie auch in fast allen anderen Texten dieses Buches wird deutlich werden, daß den Anforderungen des Alltags »mit Aktionen allein nicht beizukommen ist«.

Eigene Vorüberlegungen zum Thema

Notieren Sie kurz für sich, wie Sie sich gewöhnlich auf einen Tag in der Praxis vorbereiten. Denken Sie beispielsweise darüber nach, in welcher Weise Sie im Jugendzentrum bei der Spieleausgabe »quatschen« und welche Bedeutung diese Form des Gesprächs für den Ablauf des ganzen Tages haben könnte. Wie integrieren Sie besondere Aktionsangebote in den Alltag der Einrichtung, wie spiegelt sich ein besonderes Thema in der Einrichtung wieder?
Nach der Auseinandersetzung mit den Geschichten der Praktikanten sollten Sie reflektieren, welche Anstöße Sie durch die Planungen der Praktikanten bekommen haben.

Text 21 – Jens: »Der Bauteppich ist eigentlich zu klein.«

Bearbeitungspunkte

1. Stellen Sie die wesentlichen Probleme der Ist-Situation heraus.
2. Welche Einstellung von Jens zu dem Problem wird deutlich? Welche Einstellung haben Sie selbst zu dem Thema: Mit Konflikten umgehen?
3. Arbeiten Sie heraus, in welcher Weise es für Sie einen glaubwürdigen Zusammenhang zwischen der Beschreibung der Ist-Situation und dem praktisch-pädagogischen Handeln gibt. Verdeutlichen Sie, inwieweit es Jens gelingt, einen sinnvollen Zusammenhang zwischen besonderen Angeboten und alltäglichem Handeln herzustellen.
4. Überprüfen Sie, ob Sie über theoretische Erkenntnisse oder praktische Erfahrungen verfügen, die Jens helfen könnten, die Situation noch besser zu erfassen und kompetenter zu handeln.
5. Beziehen Sie sich noch einmal auf den Text 5 dieses Buches (Bärbel: Cecil will auch mitspielen) und erarbeiten Sie, inwieweit die Praktikantin auch in diesem Beispiel einen Handlungsplan entwickelt.

Theo (6 J.) und Rolf (5,6 J.) sind Freunde. Sie spielen jeden Tag zusammen. Auf dem Bauteppich oder am Bautisch geben sie sich gegenseitig Hilfestellung. Rolf findet zum Beispiel Theos Roboter ganz toll, und sofort bietet ihm Theo seine Hilfe an. Er berichtet, wie er seinen Roboter gebaut hat und hilft Rolf.

Häufig treten jedoch solche Situationen auf: Im Eifer des Gefechts passiert es, daß eines der Kinder versehentlich gegen das „Kunstwerk" des anderen stößt. Das betroffene Kind schlägt sofort zu, ohne sich näher über die Ursachen des Geschehens zu erkundigen. Meist hat es die Situation noch nicht einmal beobachtet, sondern wird erst durch den plötzlichen Krach aufmerksam.

Ähnliche Situationen sind mir auch schon draußen auf dem Spielplatz begegnet. Die Kinder spielen Fangen. Rolf rempelt auf der Flucht vor dem Fänger Theo an, ohne ihn zu bemerken. Theo schreit: „Du spinnst wohl" und stößt Rolf auf den Boden. Ähnliche Reaktionen erlebte ich auch bei Pit (6 J.), der jedoch keinen „festen Freund" in der Gruppe besitzt. Die geschilderten Reaktionen machten mich betroffen. Warum müssen Freunde, die sich sonst gut verstehen, in Konfliktsituationen gleich blind auf den anderen einschlagen, ohne sich über dessen Handlungsmotive überhaupt Gedanken zu machen?

Theo und Rolf bezeichnen sich gegenseitig als Freunde. Warum sollten Freunde einander absichtlich Schaden zufügen? Darüber dachten anscheinend weder Rolf noch Theo nach.

Ich stellte fest, daß ich mich innerlich empörte. Das Verhalten der Kinder entsprach so gar nicht meinen Vorstellungen und meinem Idealbild: ich finde nämlich, daß Freunde erst einmal Vertrauen zu dem anderen haben sollten und nicht gleich meinen sollten, der andere habe eine böse Absicht. Wenn es denn wirklich Streit gibt, sollten die Kindern lernen, diesen Streit verbal zu lösen. Ich erwische mich dabei, daß ich die Kinder mit Liebesentzug bestrafe oder sehr dumme Fragen stelle, zum Beispiel: „Findest Du das gut, was Du da tust?" Meist antworten die Kinder kleinlaut mit Nein, nur Theo hat einmal wütend zur Antwort gegeben: „Na klar!" An dieser Antwort habe ich richtig gemerkt, wie doof meine Frage war.

Ich nehme mir folgendes vor:
- Ich will mit der Erzieherin reden und
- ich will mir die Mühe machen, jedesmal mit den Kindern darüber zu reden, wie der Streit entstanden ist.

Das Gespräch mit der Erzieherin verlief folgendermaßen: Kristine erklärt mir: „Du hast da schon recht, am Anfang sind mir diese Streitereien auch unheimlich auf die Nerven gegangen, aber mit der Zeit gewöhnst Du Dich daran. Weißt Du, die Kinder kommen einfach aus so unterschiedlichen Familien, da ist es ganz klar, daß sie sich hier nicht verständigen können. Außerdem lernen sie heute in den Familien immer weniger. Du kannst sicher sein, daß die Kinder am Montag besonders aufgedreht sind, dann kommen sie nämlich aus den Familien und haben den ganzen Sonntag vor dem Fernsehgerät gesessen. Wieviel ‚Verstand' die Eltern im Kopf haben, siehst Du doch schon an dem Spielzeug, das die Kinder hier am Spielzeugtag anschleppen: Horror für die Jungen, Kitsch für die Mädchen. Aber zurück zum Thema. Wenn Du Dich mit dem Thema beschäftigen willst, finde ich dies sehr sinnvoll, aber ich wünsche Dir viel Vergnügen dabei."

So richtig befriedigt hat mich dieses Gespräch nicht, da ich meine, daß man nicht so schnell aufgeben darf. In den folgenden Tagen habe ich sehr viel zu tun, ich kann gar nicht alle Situationen schildern, nur eine hat mich besonders betroffen gemacht:

Ich hatte die Kinder im Freispiel animiert, gemeinsam ein Frühlingsbild zu malen, dabei habe ich mit Absicht offengelassen, wer mitmacht und wer nicht. Zuerst wollten die Kinder Grenzen um ihr Stück Papier ziehen, aber schließlich waren sie so in die Malaktion vertieft, daß sie dieses Problem vergaßen. Schon da stellte ich fest, daß jedes Kind ein eigenes Bild malte und nicht in der Lage war, sich mit dem anderen Kind abzustimmen.

Kurz hatte ich mich umgedreht, da höre ich auch schon Svenja (4,5 J.) in ein großes Gebrüll ausbrechen: „Der David hat mir in den Arm gebissen!" Ich frage David, der angestrengt über seine Arbeit gebeugt weitermalt: „David, was ist los, schau mal, die Svenja hat ja hier den Abdruck von Zähnen im Arm." David schaut wütend auf und zeigt sein Gesicht; darin sind Kratzspuren zu sehen. Nun weiß ich gar nichts mehr. Ich halte mich an meinen Vorsatz und frage ganz ruhig: „Was ist denn passiert, worum geht es eigentlich?" Wild durcheinander berichten die Kinder von ihrem Streit um den goldenen Malstift. Ich befrage die Kinder hintereinander: „David, warum hast Du Svenja gebissen?" David: „Svenja hat mich gekratzt, ich werde meiner Mutter mein Gesicht zeigen, da kann sie aber sicher sein, diese doofe Ziege." Bei diesem Ausspruch bekommt Svenja, die sich inzwischen schon etwas beruhigt hatte, wieder einen Weinkrampf. Zwischendurch versucht sie immer wieder, David den begehrten Malstift aus der Hand zu ziehen. Ich frage Svenja: „Was ist denn eigentlich passiert?" Svenja: „David ist doof und ganz gemein. David hat mir den goldenen Malstift weggenommen, immer nimmt er mir alles weg. Ich sage das auch meiner Mutter." Nach einigem Hin und Her – die Kinder lassen sich nicht darauf ein, abwechselnd mit dem Malstift zu malen – habe ich folgende Idee: Ich werde dabei sitzen und immer mit der Stoppuhr abstoppen. Jeder darf eine Minute den Stift in der Hand halten und ich schaue auf die Uhr und gebe die Kommandos. Die Kinder finden diesen Vorschlag ganz toll. Nach einiger Zeit haben sie dann die Bedeutung des Malstifts vergessen.

Irgendwie habe ich das Gefühl, daß ich diese Situation und auch andere überstanden habe, daß die Kinder aber nicht wirklich lernen, mit ihren Konflikten umzugehen. Ich versuche auf zwei Ebenen weiterzuarbeiten:

- Ich werde versuchen zu beobachten, ob die Streitsituationen immer an bestimmten Orten und Zeiten entstehen.
- Ich werde besondere Aktionen anbieten, die den Kindern ermöglichen, über ihr Verhalten nachzudenken.
- Gleichzeitig werde ich natürlich weiterhin im Freispiel die Kinder ermutigen, ihren Streit verbal zu klären.

Zu den Aktionen:

Ich möchte gegen das Konfliktlöseverhalten „Aggressivität" einen Handlungsplan entwickeln. Dieser sah schließlich folgendermaßen aus:

1. Bilderbuchbetrachtung mit dem Thema „Freunde".
2. Reaktionen im Freispiel: Bezug auf das Bilderbuch, Vergleich der Bilderbuchfreunde mit den realen Freundschaften, häufige Verwendung des Begriffs „Freunde".
3. Bilderbuchbetrachten mit einem selbst hergestellten Bilderbuch. Thema: Aggressivität aufgrund von Mißverständnissen im Kindergarten. Darstellung einer realen Kindergarten-Konfliktsituation.
3. Bezug auf das Bilderbuch nehmen, bei der nächsten aggressiven Handlung, die auf einem ähnlichen Mißverständnis beruht.

Ich wählte das Bilderbuch „Freunde" aus. Der Begriff Freunde sollte geklärt werden. Das Bilderbuch handelt von drei Freunden: einem Hahn, einer Maus und einem Schwein. Die drei Freunde spielen zusammen und erreichen viele Dinge auch nur, weil sie so gute Freunde sind und zusammenhalten. Sie fahren zum Beispiel zusammen Fahrrad. Das Fahrrad fährt, weil Maus und Schwein je eine Pedale bedienen und der Hahn lenkt. Mehrere Aktionen dieser Art werden dargestellt. Die Kinder sollen diesen Gemeinschaftseffekt erkennen, darauf werde ich auch mit meinen Fragen abzielen. Zum Beispiel: Könnte das Schwein auch ganz alleine mit dem Fahrrad fahren? (Das geht ja nicht, weil es zu klein ist!) Anschließend soll ein kurzes Gespräch stattfinden, über eigene Erfahrungen mit Freunden und Freunde allgemein. Der Realitätsbezug sollte hergestellt werden.

Ich wählte sechs gleichaltrige Kinder aus, darunter auch Theo, Rolf und Pit, auf die es mir hauptsächlich ankam. Leider vernachlässigte ich Pit ein wenig mit meinen Fragen, auch weil der lebhafte Theo häufig die Initiative ergriff. Die Kinder erfaßten den Sinn des Buches, erkannten, was Freunde alles zusammen machen und daß dies häufig nur durch den Gemeinschaftseffekt möglich würde. Als ich die Kinder anschließend nach ihren Freunden befragte, nannten sie begeistert die Namen und die Spiele, die sie immer zusammen spielten.

Die Kinder erkannten, was einen Freund ausmacht. Der Freundschaftsbegriff sollte sich in den Köpfen der Kinder vertiefen und zwar durch bestimmte Reaktionen, die von mir ausgehen. In den folgenden Tagen griff ich im Alltag dieses Thema immer wieder auf:

Spielte Theo allein auf dem Bauteppich, fragte ich ihn einmal: „Na, wo hast du denn deinen Freund gelassen?" „Der Rolf ist noch nicht da", antwortete er. Ähnlich verfuhr ich auch bei Rolf. Hin und wieder mischte ich mich in das Geschehen auf dem Bauteppich oder in der Puppenecke ein und versuchte den Kindern Spielideen zu geben, die deutlich machten, daß sie den anderen für ihr Spiel gebrauchen. Bei diesen Interventionen stellte ich fest, daß der Bauteppich eigentlich viel zu klein ist, da man kaum größere Projekte erstellen kann. Außerdem merkte ich, daß zwei Regeln sehr störend waren: nur drei Kinder dürfen auf den Bauteppich, und wenn die Kinder den Bauteppich auch nur für eine Pause verlassen, müssen sie alles wieder abbauen.

In der Puppenecke fehlte dringend eine Verkleidungskiste, diese hätte häufig die Phantasie der Kinder anregen können, doch noch mehr Personen in das Spielgeschehen einzubeziehen.

Aber nun wieder zu meiner Bilderbuchaktion: Mein erstes Bilderbuch war zu idyllisch. Eine Freundschaft ohne Streit. Realitätsfremd. Ich stellte selbst ein Bilderbuch her und stellte eine Situation dar, wie sie tagtäglich im Kindergarten geschehen kann und in ähnlicher Weise Theo, Rolf und Pit schon oft passiert ist. Drei Freunde spielen und halten immer zusammen. Zwei von ihnen bauen eines Morgens auf dem Bauteppich einen Turm. Der dritte ist noch nicht da. Als der Turm fertig gebaut ist, begeben sich die zwei Freunde an ihr nächstes Werk. Der dritte kommt zur Tür herein und winkt begeistert mit der Kindergartentasche, als er seine Freunde sieht. Diese kehren ihm jedoch den Rücken zu. Die Kindergartentasche schlägt im Eifer des Gefechts gegen den Turm. Die anderen beiden werden durch den Krach aufgeschreckt, vermuten gleich Absicht und wollen auf den dritten Freund einschlagen. Als dieser zu weinen beginnt, halten sie ratlos inne und der dritte erklärt ihnen das Versehen.

Die Kinder kommen zu der Einsicht, man sollte erst nachfragen und versuchen, die Motive des anderen zu erkennen, ohne gleich blind darauflos zu schlagen. Wie konnten sie annehmen, daß ihr Freund ihnen etwas Böses will. Auf dem Bild, wo die Kindergartentasche durch die Luft fliegt, konnte man nicht klar erkennen, ob es sich um ein Versehen handelte. Die Kinder spekulierten bei der Bilderbuchbetrachtung verschiedenartig. Theo und Pit glaubten an Absicht, Rolf an ein Versehen. Das Bild mit dem weinenden Kind rührt die Kinder sehr. Ich wies darauf hin, wie gut es wäre, daß es im letzten Moment, bevor die Kinder aggressiv reagierten, zu einem Gespräch kam.

Ich sprach die Kinder auf ihre Alltagserfahrungen an. Theo berichtete, in solchen Situationen stets erst zu reden, obwohl ich vom Gegenteil wußte. „Ich werde dich daran erinnern! Wäre ja wirklich toll, wenn das stimmt", antwortete ich. Begebenheit: Einige Zeit nach der Aktion stößt Pit auf dem Bauteppich mit dem Fuß gegen einen Plastikturm, den Theo zusammengesteckt hatte. Ob es Versehen oder Absicht war, war der Erzieherin nicht ersichtlich. Rolf berichtete Theo von dem Vorfall, als er den kaputten Turm sieht. Theo sagt: „Ist doch nicht so schlimm, wir sind ja alle Freunde. Wir können ja mal zusammen einen neuen Turm bauen." Die Kinder in meinem Bilderbuch bauten auch zusammen den Turm wieder auf.

Aber irgendwie kann ich nicht so recht glauben, daß sich das Verhältnis der Kinder so schnell geändert hat. Aber immerhin! In Zukunft würde ich ein Bilderbuch dieser Art z. B. in einem Rollenspiel weiterentwickeln lassen, damit die Kinder auch wirklich üben, daß es auch anders geht.

Mit der Erzieherin habe ich mich gegen Ende des Praktikums noch einmal über die Raumstruktur unterhalten. Gemeinsam haben wir noch die Puppenecke erweitert, dabei haben wir die Eltern angeregt, einige Kleidungsstücke mitzubringen. Meine Einwände bzgl. der Bauecke hat die Erzieherin zwar eingesehen, jedoch meinte sie, daß sie einfach Angst habe,daß ihr die ganze Gruppe über den Kopf wachse, wenn sie noch mehr Regeln lockern würde.

Vielleicht habe ich im Berufspraktikum weiter die Chance, an diesem Thema zu arbeiten.

Text 22 – Dilek: »Und das ist nun Ihr Handlungsplan?«

Bearbeitungspunkte

1. Untersuchen Sie genau die Situationsbeschreibung der Praktikantin und stellen Sie für sich die zentralen Problembereiche zusammen.
2. Verdeutlichen Sie, in welcher Weise die Praktikantin in ihrem Handeln die beschriebenen Probleme aufgreift. In welchen Bereichen stellen Sie einen Widerspruch zwischen den Ansprüchen der Praktikantin und ihrem realen Handeln fest?
3. In der Auswertung stellt die Praktikantin fest, daß sie wohl keinen Handlungsplan entwickelt hat. Wie könnte Ihrer Meinung nach ein Handlungsplan ausgehend von der beschriebenen Situation aussehen?

Zu der Situation der Gruppe ist zu sagen, daß 12 von 25 Kindern ausländische Kinder sind. Diese kommen teils aus Afrika, Griechenland, Sri Lanka, Türkei. Durch die verschiedenen Nationalitäten und damit verbundenen Religionen haben sie auch unterschiedliche Kulturen, verglichen mit der deutschen Kultur.

Der Kindergarten befindet sich in einem Ortsteil, der zu den sozialen Brennpunkten zählt. Die Kinder kommen zum Teil aus Familien mit sozialen Problemen (z. B. familiäre oder finanzielle Probleme). Durch die schwierigen Lebensumstände der Kinder zeigen manche von ihnen auch auffällige Verhaltensmerkmale (z. B. zerstörend). Das Umfeld des Kindergartens bietet wenig Möglichkeiten zum freien Spielen (z. B. wenig Spielplätze oder Parks). Der Ortsteil besteht zum größten Teil aus alten Häusern, manche mit kleinen Hinterhöfen. Die meisten Strassen sind stark befahren, mit vielen unübersichtlichen Kurven, die für Kinder eher gefährlich sind als eine Spielmöglichkeit zu bieten.

Durch dieses Umfeld, in dem die Kinder kaum Möglichkeiten haben, ihrem Bewegungsdrang nachzugehen, äußern sie innerhalb der Gruppe diese

Bedürfnisse (z. B. durch häufiges Fragen, ob sie raus gehen können oder sie balgen sich oder rennen im Gruppenraum).

Da die meisten Kindern von den Eltern oder der Familie nur wenig Wissensvermittlung bekommen, zeigen sie auch ein großes Wissenbedürfnis. An ihrem Alter gemessen fragen sie nach einfachen Dingen, die sie noch nicht kennen. Viele Kinder bringen zu Hause die meiste Zeit mit fernsehen oder Video zu, wodurch ihre in dem Alter ausgeprägte Phantasie in eine bestimmte Richtung gelenkt wird. Es werden oft auch solche Phantasiespiele geäußert, z. B. Hi-man.

Durch unterschiedliche Bedürfnisse im Rollenspiel der Kinder (denn nicht alle Kinder wollen z. B. Hi-man spielen), kommt es oft zu Uneinigkeiten. Durch eine Anregung der Phantasie in eine für alle Spielpartner befriedigende Richtung wird das Rollenspiel wieder möglich.

Wie schon erwähnt, besteht die Gruppe zum Teil aus ausländischen Kindern. Bei der Gruppensituation konnte ich beobachten, daß einige ausländische Kinder eine Außenseiterrolle haben. Sie beschäftigen sich meistens mit Spielmaterialien, wozu kein Spielpartner benötigt wird (z. B. Bausteine). Diese Kinder, um die es in der Aktion geht, sprechen so viel Deutsch, daß sie Bedürfnisse äußern können und einfache Sätze verstehen. Nach meinen Beobachtungen liegt das Problem nicht nur an sprachlichen Verständigungsproblemen, sondern auch daran, daß sie kaum Anschluß zu den Gleichaltrigen in der Gruppe bekommen. Die deutschen Kinder aus der Kleingruppe und die ausländischen Kinder agieren auch kaum miteinander und wissen wenig übereinander (z. B. als ich ein Kind der Kleingruppe nach Stefano fragte, konnte es mir sehr wenig über ihn erzählen).

Obwohl es einige weitere Kinder in der Gruppe gibt,die auch nicht in Gruppen integriert sind, finde ich es bei Stefano und Mohammed schneller erreichbar. Bei den anderen Kindern spielen viele andere Dinge noch eine große Rolle, so daß bei diesen umfangreichere Methoden angewendet werden müssen (z. B. Sprachförderung, intensive, langandauernde Elterngespräche).

Ich greife dieses Problem auf, da ich es als eine Voraussetzung für das „Funktionieren" der Gruppe sehe, wodurch erst bestimmte andere Ziele erfolgreich erreicht werden können. Wobei auch die Erfahrungen des Kindes unter Gleichaltrigen eine große Bedeutung haben (z. B. Umgang mit der Machtrolle).

Das Thema finde ich auch deshalb wichtig, weil bestimmte Rollen – wie hier die des Außenseiters – in Zukunft fortgesetzt werden würden (z. B. in der Schule).

Integration von ausländischen Kindern ist auch wichtig, um bei deutschen Kindern bestimmte übernommene Denkweisen zu ändern und positive Empfindungen zu schaffen. Ein Beispiel dazu wäre: Das Kind bekommt durch sein Elternhaus eine negative Einstellung zu „Ausländern" vermittelt. Es wird diese Einstellung also auf ausländische Kinder in der Gruppe übertragen. Durch attraktive Aktionen kann eine Verhaltensänderung möglich werden.

Meinem Handlungsplan zum Thema „Integration ausländischer Kinder in die Gruppe" werde ich mit mehreren Aktionen zu diesem Thema nachgehen. Die Aktionen, die ich dazu durchführen werde, betreffen eine Kleingruppe von gleichaltrigen Kindern, wodurch bestimmte Kinder integriert werden sollen (was natürlich nicht innerhalb kurzer Zeit zu erreichen ist). Wichtig finde ich, meinem Ziel in Aktionen und im Freispiel nachzugehen. Einen Erfolg finde ich dann erreichbar, wenn bestimmte Handlungsweisen in Aktion und Freispiel gezeigt werden, die ich besonders beachten werde.

Meine Aktionen zu diesem Thema
Schiffsreise, Tanz, Spielekette, Bilderbuchbetrachtung, anschließend Rollenspiel

Aktion: „Eine Schiffsreise in verschiedene Länder"
Persönlicher Bezug: Bei Gesprächen mit den Kindern spürte ich, daß die Kindern auch an meiner Nationalität bestimmte Interessen zeigten, z. B. Fragen stellten wie „Bist du Türke?" Ich finde es grundsätzlich wichtig und bedeutsam, daß in einer Gruppe, in der verschiedene Nationalitäten vertreten sind, dies schon ein Grund ist, Aktionen und Handlungsstrategien zu entwickeln. Die Gesellschaft besteht aus Menschen mit verschiedenen Religionen, Kulturen, die oft durch Konflikte bestimmt werden. Ich denke, daß der Kindergarten auch hier ein wichtiges Ziel hat (weil Handlungsweisen aufgebaut werden durch Erzieher und andere Kinder).

Gruppensituation
Für diese Aktion wähle ich die Vorschulkinder, ich denke, daß sie die Voraussetzungen, die bei der Aktion notwendig sind, mitbringen (z. B. Auseinanderhalten von Ländern und Zusammenhänge begreifen). Wenn bestimmte Kinder an diesem Tag fehlen, werde ich aber diese auch durch jüngere Kinder ersetzen.

Zu den einzelnen Kindern:
Johannes kommt aus Afrika, er wird bei „der Reise nach Afrika" eine dominierende Rolle tragen. Er wird die Möglichkeit haben, mehr über sein Land zu erzählen und den anderen Kindern näher zu bringen.

Benny zeigt großes Interesse an neuen Dingen und erzählt sehr gerne. Er wird andere Kinder motivieren und sein Verhalten an andere Kinder weitergeben.

Fatma erzählt gern über ihre Heimat, die sie auch besucht. In der Aktion (Türkei) wird sie die dominierende Rolle haben und den anderen Kindern für sie bekannte Dinge erzählen. Da sie in der Gruppe oft nur mit einem anderen türkischen Kind spielt, wird sie in der Aktion durch ihre Rolle in der Gruppe integriert sein.

Klaus strebt in der Gruppe immer nach besonderen Rollen, er wird bei dieser Aktion seine eigenen Bedürfnisse etwas zurückhalten müssen und anderen Kindern gegenüber mehr Akzeptanz zeigen.

Farida zeigt sich aufnahmebereit und offen, bei ihr wird das Kennenlernen von neuen Dingen ihre Haltung bestätigen.

Stefano spielt kaum mit deutschen Kindern, er wird in der Aktion die Erfahrung machen, auch in einer gemischten Gruppe Spaß zu haben und seine Deutsch-Kenntnisse zu nutzen.

Themenzentrierte Ziele

Zum Thema Integration verfolge ich zwei miteinander verbundene Ziele; zunächst sollen die ausländischen Kinder in die Gruppe integriert werden, dadurch soll die affektive Übernahme von Einstellungen der Erwachsenen kritisch überdacht werden.

Natürlich kann ich meine Ziele nicht durch eine Aktion oder innerhalb dieser Zeit erreichen, dies muß immer wieder aufgegriffen werden, wobei die Elternarbeit auch eine entscheidende Rolle spielt. Es ist nur speziell bei dieser Aktion wichtig, einen Einstieg zu bilden und dabei einzelne Nationen positiv den Kindern nahe zu bringen und etwas mehr über sie zu erfahren.

Materialien und Medien

Ich habe bestimmte Materialien für meine Aktion gewählt, weil ich in vielen Situationen beobachtet habe, daß die Kindern gerne mit Musikinstrumenten spielen und Freude an Bewegungen haben. Auch die Lebensmittel, die ich zur Orientierung benutze, sind welche, die im allgemeinen gern von Kindern gegessen werden.

Materialien: Instrument, Kassette; Kinder sollen tanzen

Lebensmittel: Obst, Kakao, Reis

Kurze Beschreibung der Aktion „Schiffsreise"

Wir machen eine Reise mit dem Schiff, dabei besuchen wir verschiedene Länder. In den Ländern befassen wir uns mit den Attraktionen des Landes.

Methodische Planung/Organisatorische Vorbereitung

Für diese Aktion halte ich die Turnhalle für einen geeigneten Ort, weil die Aktion im Gruppenraum aus Platzgründen nicht möglich ist. Die Ecken in der Halle nutze ich für die Umgestaltung zu einem Land. Die Nationen, die auch in der Gruppe vertreten sind, habe ich als Länder gewählt, um den Kindern so eine nähere Orientierung zu geben. Die Ecken sind mit bestimmten Attraktionen des jeweiligen Landes ausgeschmückt. Es sind auch Dinge, mit denen sich die Kinder auch im Alltag auseinandersetzen oder die sie bereits kennen, z. B. Bananen.

Die Turnhalle ist etwas verdunkelt, um so Spannung bei den Kindern zu erzeugen und damit die Kinder nicht bereits beim Eintritt in den Raum mit Reizen überfallen werden.

Durchführung

Ich bespreche mit den Kindern, wie wir unsere Reise angehen wollen, was dabei wichtig ist.

- Die Kinder bekommen einen Überblick.

Wir steigen in unser Boot, in dem jeweilige Rollen verteilt werden, z. B. Schiffsführer.

- Interesse, Spannung steigt. Die Kinder fühlen sich in die Situation ein.

Nach langer Reise gehen wir in Afrika vor Anker. Hier werden wir mit afrikanischer Musik empfangen. Die Kinder schauen sich das "Land" und die Attraktionen an. Nach einem Aufenthalt geht die Reise weiter.

- Bestimmte Informationen werden vermittelt.

Das Schiff geht nun in der Türkei vor Anker.

- Die Kinder lernen auch hier bestimmte Dinge kennen.

Danach fahren wir nach Japan, hier versuchen wird, mit Stäbchen zu essen.

Nach Ende unserer Rundreise kehren wir nach Deutschland zurück, wo die Kinder dann anderen Kindern erzählen können, was sie bei dieser Reise erlebt haben.

(Die übrigen Aktionen liefen ähnlich ab und werden hier aus Platzgründen nicht abgedruckt; die nachfolgenden kurzen Reflexionen erklären hinreichend, wie die Praktikantin vorgegangen ist.)

Kurze Reflexion zu den Aktionen des Handlungsplans

Schiffsreise

Hauptziel war hier, mehr voneinander zu erfahren und positive Erfahrungen zu sammeln. Während des Freispiels habe ich beobachten können, daß mehrere Kindern Dinge, die auch in der Aktion vorkamen, aufzählten und dazu Länder nannten. In einer anderen Situation sah ich wie Vincent Stefano fragte, ob er nicht mit ihm etwas rausgehen wolle.

Aktion Tanz

Hier hatte ich das Hauptziel, wie auch in weiteren Aktionen, daß die Kinder miteinander agieren. Die Kinder haben Partnertänze gemacht oder sich frei bewegt. Hier wurden viele Bewegungsideen der Kinder aufgegriffen.

Spielekette

Bei dieser Aktion hatte ich mit den Kindern in der Turnhalle viele Spiele hintereinander gemacht, in denen die Kinder sich untereinander genauer wahrnehmen konnten (z. B. mit geschlossenen Augen den Partner suchen). Im Schlußkreis, anschließend im Gruppenraum, wählte Benny bei einem Spiel Stefano als nächsten Spielpartner.

Bilderbuchbetrachtung, anschließend Rollenspiel

Einen Tag nach der Aktion fragten zwei Kinder mich, ob ich noch mal das Buch vorlese und ob wir es dann wieder spielen. Als ich mit dem Vorschlag einverstanden war, holten sie schnell Stefano und

Mohammed, worauf wir dann die Szenen wiederholten.

Zusammenfassung der Reflexion

Eigentlich war ich mit der Durchführung der Aktionen ganz zufrieden, obwohl es an einigen Stellen schon besser gewesen wäre, mir genauer aufzuschreiben, wie ich den nächsten Schritt denn nun wirklich durchführen will. Aber irgendwie war ich insgesamt unzufrieden, da ich mir überlegte, ob ich wirklich im Alltag der Kinder etwas verändert hätte. In dem Reflexionsgespräch mit dem Lehrer der Schule und der Erzieherin der Einrichtung fiel es mir bei der Frage des Lehrer: „Ist das nun Ihr Handlungsplan?" wie Schuppen von den Augen: Bei der ganzen Vorbereitung der verschiedenen Aktionen war es mir mal wieder passiert, daß ich mich nur auf die Einzelaktionen konzentriert hatte. Ich glaube, es wäre besser gewesen, wenn ich nicht soviel Aktionen durchgeführt hätte und gemeinsam mit der Erzieherin ein Gesamtkonzept vorbereitet hätte.

Übergreifende Fragestellungen

1. Einleitend zu diesem Kapitel haben Sie für sich notiert, in welcher Weise Sie sich auf einen Tag in der Einrichtung vorbereiten. Ziehen Sie einen Vergleich zu den Planungen und Überlegungen der drei Praktikanten (als dritten vgl. Text 5 – Bärbel: „Cecil will auch mitspielen") und reflektieren Sie, welche Bedeutung besonders das alltägliche Handeln in Ihren vorbereitenden Überlegungen hat.
2. Arbeiten Sie vergleichend die jeweiligen Stärken und Schwächen der Handlungspläne der Praktikantin heraus.
3. Wählen Sie eine der dargestellten Situationen und entwickeln Sie selbst, ausgehend von dieser Situation, einen Handlungsplan.

Auswertung der Texte und Reflexionen im Hinblick auf die Entwicklungsaufgabe III: Formulierung eines Konzepts für das pädagogisch-praktische Handeln mit Kinder und Jugendlichen.

Arbeiten Sie heraus, inwiefern in den einzelnen Geschichten aus der Praxis die übergreifende Lösung dieser Entwicklungsaufgabe deutlich wird: „Mein Handeln mit Kindern und Jugendlichen basiert auf meiner eigenen Idee und einer anerkannten, objektiv sinnvollen Praxis."
Informieren Sie sich auf Seite 69 dieses Buches über die Aspekte der Entwicklungsaufgabe. Halten Sie für sich selbst fest, an welchen Aspekten der Entwicklungsaufgabe Sie selbst verstärkt arbeiten wollen.

2.4 Pädagogischen Alltag strukturieren

2.4.1 Feedback einholen

Die Handlungsweise des Feedback-Einholens ist ein wesentlicher Bestandteil der Kompetenz, die als Übernahme der Berufsrolle bezeichnet wird. Das offene, kritische und konstruktive Gespräch über die erlebte Praxis bzw. das praktische Handeln ist Voraussetzung für die Reflexion und die Verbesserung des eigenen pädagogischen Handelns. Der Austausch unterschiedlicher Werthaltungen und Handlungsansätze ist wichtig, um sich innerhalb eines Teams im Kindergarten oder im Jugendzentrum auf ein pädagogisches Konzept verständigen zu können, das von allen getragen werden kann. Eine solche „gemeinsame Handschrift" erleichtert die Zusammenarbeit mit dem Träger einer Einrichtung, den Eltern und anderen Kooperationspartnern. Es trägt auch dazu bei, daß die Kinder und Jugendlichen sich im System der Institution besser orientieren können.

Eigene Vorüberlegungen zum Thema

Im folgenden finden Sie zwei unterschiedliche Verläufe eines Feedbacks, das sich die Praktikantin/der Praktikant von der Praxisanleitung einholt.
Die Auseinandersetzung mit diesen Beispielen verdeutlicht Ihnen einige typische Fehlerquellen, häufig auftretende Probleme sowie die Vor- und Nachteile möglicher Vorgehensweisen.
Notieren Sie bitte vorab, welche Gefühle es in Ihnen hervorruft, wenn Ihnen jemand ehrlich „seine Meinung über Sie sagt". Welche Faktoren stören Sie am meisten bei einem solchen Gespräch, z.B. die Anwesenheit anderer, der Überraschungseffekt, der Tonfall, die Wortwahl?
Bitte halten Sie alle Gedanken zum Thema „jemandem ehrlich die Meinung sagen" fest.

Text 23 – Sigrid: »Ich kannte nun meine Schwächen und was ich verbessern mußte.«

Bearbeitungspunkte

1. Stellen Sie heraus, welche Aspekte ihres Handelns der Praktikantin problematisch erscheinen und wozu sie eine Rückmeldung von der Praxisanleiterin erhalten möchten.
2. Verfolgen Sie anschließend genau den Verlauf des Gespräches, und kennzeichnen Sie dabei die Aspekte, die die Praxisanleiterin thematisiert.
3. Betrachten Sie die reflektierenden Äußerungen der Praktikantin, und beurteilen Sie aus Ihrer Sicht den Verlauf des Gespräches.
4. Erklären Sie sich die Einschätzung und Bewertung des Gespräches durch die Praktikantin.

»Planung:

Da ich noch Schwierigkeiten im „Ganzüberblick der Gruppe" habe, werde ich am Morgen die gesamte Gruppe im Freispiel übernehmen. Meine Gruppenleiterin Katja wird dabei in der Gruppe sein. Ich werde die Kinder mit ihren Eltern morgens begrüßen und herumlaufenden Kindern Anregungen zum Spiel geben. Ebenfalls werde ich die gesamte Gruppe beobachten, mit den Kindern spielen und eventuell in Konflikten eingreifen. Nach 12 Uhr werde ich Katja dann fragen, ob sie mit mir diesen Morgen reflektieren kann. Ich werde sie nach dem Säubern des Gruppenraumes danach fragen. Ich werde sie darum bitten, meine Schwächen im Freispiel mir zu sagen. Wahrscheinlich werden wir uns dabei in die Küche setzen, da dort am meisten Platz und es am ruhigsten ist.

Durchführung und Reflexion:

An diesem Morgen begrüßte ich die Eltern und Kinder, motivierte die Kinder zum Spiel, so wie ich es geplant hatte. Als dann schließlich 12 Uhr war, und alle Kinder abgeholt waren, der Gruppenraum soweit fertig war, ging ich auf Katja zu. Sie räumte gerade noch ihren Schreibtisch auf. Ich fragte Katja, ob wir mein Verhalten an diesem Morgen reflektieren können. Katja war damit einverstanden und sagte, daß sie sich sowieso einige Stichpunkte aufgeschrieben hätte. Sie führte mich in die Küche. Sie fragte mich, was mir denn aufgefallen ist. So erzählte ich, daß mir aufgefallen ist, daß einige Kinder nicht von alleine spielen. Auf diese Kinder mußte ich zugehen und sie zum Spiel motivieren, mit diesen Kindern zum Spielzeugregal gehen und mit ihnen ein Spiel aussuchen und spielen. Auch mußte ich zweimal Streit schlichten, wobei ich danach etwas unsicher war, ob ich eine falsche Entscheidung getroffen habe. Ebenfalls hatte ich festgestellt, daß nicht alle Kinder zusammen spielen. Als ich nun eine Pause machte, sagte Katja, daß mein Freispiel eigentlich ganz gut verlaufen ist, sie hatte mir nur einige Verbesserungsvorschläge zu machen. Ich sollte doch mehr aufstehen und auch einmal in die Puppenecke gehen. Ebenfalls sollte ich öfters meinen Kopf heben und in dem Gruppenraum mich umschauen, somit könnte ich alle Kinder sehen. Auch sollte ich versuchen, etwas lauter mit den Kindern zu sprechen. Meine Stimme würde sonst untergehen. Gut hätte sie gefunden, wie ich einige Kinder zum Spiel motiviert hätte, ebenfalls hätte ich auch immer richtig gesessen, nicht mit dem Rücken zur Gruppe.

Als danach unsere Reflexion beendet war, war ich ziemlich froh, daß ich Katja um diese Rückmeldung gebeten hatte. Somit wußte ich nun meine Schwächen und was ich somit verbessern muß. Auch habe ich mir jetzt vorgenommen, Katja um weitere Reflexionen zu bitten, z. B. über den Stuhlkreis oder das Spiel in der Puppenecke. Allerdings werde ich Katja einen Tag vorher schon über mein Vorhaben informieren, damit sie sich darauf einstellen kann.«

Text 24 – Verena: »Stefan soll erfahren, wie schön es ist, gelobt zu werden.«

Bearbeitungspunkte

1. Vollziehen Sie die Situation und die Reflexion nach und stellen Sie das Interesse der Praktikantin an dem feed-back heraus.
2. Verfolgen Sie genau den Weg, dieses Interesse im Gespräch durchzusetzen. Beurteilen Sie, inwieweit dieses erreicht worden ist.
3. Bilden Sie sich eine Meinung zu dem pädagogischen Handlungskonzept der Praktikantin und konzipieren Sie ein Gespräch mit ihr, worin Sie ihr darlegen, wie sie zukünftig vorgehen sollte, um ihre Konzept in der Praxis wirksam werden zu lassen.

»Am Donnerstag, den (. . .), liefen Uwe (5,4 J.) und Stefan (4,9 J.) durch den Gruppenraum, und wenn ihnen ein anderes Kind in die Quere kam, wurde es geschlagen oder geärgert. So liefen die beiden schon tagelang herum, und es wurde meiner Meinung nach immer schlimmer. Es half nicht, mit ihnen darüber zu reden oder sogar zu schimpfen. Sie versprachen immer, damit aufzuhören, aber Minuten später begannen sie von neuem.

Dann sah ich, wie die Erzieherin auf die beiden zuging und mit ihnen auf den Flur verschwand.

Als etwa 3 Minuten vergangen waren, kamen sie wieder herein. Stefan und Uwe ärgerten die anderen Kinder nicht mehr und spielten ein Kindergartenlernspiel. Da ich zu der Zeit auf dem Bauteppich mitbaute und es für wichtiger hielt weiterzubauen, fragte ich nicht, was sie ihnen auf dem Flur gesagt hat. Das Problem war aber nicht aus der Welt geschafft, denn die beiden hatten am nächsten Tag schon wieder Kinder geärgert. Als Stefan auf Pit zurannte und ihn aus dem Lauf heraus schubste, ging ich, innerlich wütend, auf ihn zu, und während ich Christian tröstete, habe ich Stefan gefragt, ob er sich nicht entschuldigt. Als er es getan hatte und Christian wieder aufgehört hatte zu weinen, sagte ich zu Stefan, daß ich es nicht mehr lustig finde, was er tut, und daß die anderen Kinder in Ruhe spielen wollen. Stefan versprach mir, es nicht wieder zu tun, und brach sein Versprechen an diesem Tag nicht. Mir fiel wieder ein, daß ich die Erzieherin fragen wollte, was sie auf dem Flur sagte, und ich plante es in meine Aktionsweise miteinzubeziehen. Ich habe der Erzieherin in dem Gespräch mitgeteilt, daß ich schon einiges an Stefan „ausprobiert" habe, aber daß es meist nur für einige Zeit wirksam ist. Sie erzählte mir, daß Stefan schon, als er in ihre Gruppe kam, sehr schwer zu verstehen war. Am ersten Tag habe er nur geschrien und sich in die Mitte des Raumes gelegt. Sie habe versucht, ihn zu beruhigen, und dann hat er sie angelächelt und ihr ins Gesicht geschlagen. Sie hat damals aus einem Reflex heraus aggressiv reagiert, da es weit über ihre Toleranzgrenze hinausschoß. Sie war seit diesem Augenblick eine Autorität für ihn, aber es droht sich abzubauen. Die Erzieherin sagte zu mir, daß das Verhalten von Stefan nur durch Geduld und im Hinblick darauf zu ändern ist, daß Stefan zu Hause oft geschlagen wird und im Kindergarten versucht, seine Aggression an den anderen Kindern auszulassen.

Dann habe ich gefragt, was sie mit den beiden auf dem Flur gesprochen hat, und sie antwortete, daß sie sie ermahnt hat, und zwar auf dem Flur, da eine andere Umgebung einen gewissen Eindruck hinterläßt. Die beiden würden im Gruppenraum nicht reagieren, aber auf dem Flur immer zuhören, und deswegen geht sie mit ihnen aus dem Gruppenraum, wenn es ihr zu weit geht.

Ich sagte, daß ich mir vorstellen könnte, daß wenn sie für alles Positive, was sie tun, mehr gelobt würden, sie Gefallen am Erfolg bekämen und daß der Erfolg bei ihnen mehr Wirkung zeigen könnte, da sie zu Hause genug bestraft würden und so das Gefühl bekommen, daß sie nichts anderes tun können, um bei der Gruppe Eindruck zu schinden, wegen dem Gefühl für „nichts nütze zu sein".

Die Erzieherin stimmte mir im großen und ganzen zu, fügte aber hinzu, daß Stefan nicht das einzige Kind in der Gruppe sei und sie bei allem, was für Stefan gut wäre, immer beachten müsse, daß die anderen Kinder von ihm nicht andauernd geschlagen und geärgert werden, da sie nicht nur für Stefan da wäre, sondern auch für alle anderen.

Reflexion:

Bei dem Gespräch mit der Erzieherin habe ich eine Menge über Stefan erfahren und mein Standpunkt Stefan gegenüber hat sich geändert. Ich konnte einfach nicht verstehen, daß ein Kind den ganzen Tag nur andere Kinder ärgert, aber jetzt sehe ich einen gewissen Sinn in dem, was er tut. Ich habe nach diesem Gespräch darauf geachtet, daß Stefan sehr oft gelobt wurde, für alles „Sinnvolle", was er tat.

Dadurch erhoffe ich, daß Stefan den Unterschied zwischen „Lob bekommen" und „Bestraftwerden" zu seinen Gunsten erkennt, da er erfahren kann, wie schön es ist, für etwas gelobt zu werden.

Im nachhinein kann ich sagen, daß Stefan oft auf dem Bauteppich mitspielt, vorallem, wenn ich häufig dazukomme und mitspiele und zum Ausdruck bringe, wie erstaunt ich über das Erbaute bin.«

Übergreifende Fragestellung

Wie dargelegt, ordnen wir die Kompetenz des Einholens einer Rückmeldung zum eigenen pädagogischen Handeln der vierten Entwicklungsaufgabe zu (vgl. Seite 69).
Nachdem Sie sich mit den zwei Entwürfen und Schilderungen des Feedbacks befaßt haben, sollten Sie selbst sich Gedanken darüber machen, wie Sie auf Ihre Praxisanleiterin/Ihren Praxisanleiter zugehen würden, wenn Sie deren/dessen Meinung über Ihre pädagogischen Kompetenzen erfahren wollen. Halten Sie schriftlich fest, wie Sie die Situation inszenieren würden (Zeit, Raum, Atmosphäre, Gesprächsführung etc.), damit alle unangenehmen Faktoren, die es Ihnen bisher schwerfallen ließen, sich die Meinung sagen zu lassen (bitte nehmen Sie Bezug auf Ihre einleitenden Notizen), soweit wie möglich durch Ihre Planung ausgeschlossen werden.

2.4.2 Gemeinsam planen

In verschiedenen Abschnitten dieses Buches sind Sie nun schon mit der Planung von Aktionen konfrontiert worden.
Mit der Handlungsweise „gemeinsam planen", also gemeinsam mit den Adressaten eine Aktion oder eine Folge von Aktionen zu planen, wird eine hohe Anforderung an Ihre Fremdwahrnehmungs- und Planungsfähigkeit gestellt.
Sie müssen mit einer gewissen Risikobereitschaft und Veränderungsfähigkeit mit der Handlungsweise und den entstehenden Problemen umgehen, wobei Sie sicher auch manchmal innere Sperren überwinden müssen.
Inhaltliche Ausgangspunkte sind die Bedürfnisse der Kinder und die Eigengesetzlichkeit ihrer Verhaltensweisen sowie die Beachtung kindlicher Handlungsräume und deren Entfaltungsspielraum.
Ausgehend von den Interessen und Wünschen der Adressaten, die auf verschiedenste Weisen festgestellt und erforscht werden können (Befragung, Beobachtung usw.), und der Befähigung der Adressaten zur Mitgestaltung, wird eine Aktion geplant.
Die Adressaten sind nun mehr Gestalter als Konsument der Aktion und entsprechend an der Planung beteiligt. Natürlich müssen auch die individuellen Begebenheiten in der Praxis beachtet werden.
Inhalt der Handlungsweise ist somit das Planen mit den Kindern oder Jugendlichen.
Die folgenden Geschichten sollen darüber Auskunft geben, was der/die Praktikant/Praktikantin getan hat, um die eigenen, vorab formulierten pädagogischen Ziele in der Praxis mit den Adressaten umzusetzen. Dargestellt wird auch, wie verschiedene Planungsstrategien, die Vielfalt der methodischen Wege und Methoden sowie die Motivation der Adressaten in der Planung berücksichtigt wurden.

Eigene Vorüberlegungen zum Thema

Bevor Sie nun weiterlesen, denken Sie bitte einmal darüber nach, welche Bedeutung das gemeinsame Planen mit den Adressaten für Sie hat.
Welche Ziele und welche Schwierigkeiten sehen Sie darin?

Text 25 – Sonja: »Ein Comic selbermachen«

Bearbeitungspunkte

1. Überlegen Sie, inwieweit die Aktion von den Kindern mitgeplant wurde und wieviel die Praktikantin aus ihrer Planung durchgesetzt hat.
2. Halten Sie die Vorgehensweise der Praktikantin während des Planungsgespräches fest. Achten Sie dabei besonders auf die Reaktionsweisen.
3. Geben Sie der Praktikantin ein Feedback, und gehen Sie besonders auf den Aspekt der gemeinsamen Planung ein.
4. Schätzen Sie die Orientierung der Praktikantin ein, und begründen Sie diese Einschätzung.

»Die Idee, ein Comic selbst herzustellen, kam mir, als ich einige Kinder beobachtete, die Comics lasen. Da gab es ganz unterschiedliche Comictypen, wie z. B. Conny, ein Pferdecomic, oder Quax, etwas Witziges. Es waren allerdings auch einige darunter, die mir für Kinder ungeeignet erschienen, wie z. B. das kleine Arschloch, ein Sexcomic.

So dachte ich mir, müßte es für Kinder interessant sein, ein Comic selbst herzustellen.

Die Ziele, die ich verwirklichen wollte, waren vor allem, Selbständigkeit zu üben. Die Kinder sollten versuchen, Ideen und eigene Vorschläge einzubringen. Weiterhin sollten sie soviel wie möglich selbständig entscheiden, z. B. welche Farben gewählt werden sollen, worum es in dem Comic gehen soll, welches Material verwendet werden soll usw.

Ein weiteres Ziel, welches ich verfolgte, war die Kritikfähigkeit. Die Kinder sollten versuchen, Kritik anzuerkennen und ebenfalls Kritik zu äußern. Dies sollte so geschehen, daß nicht gleich jemand beleidigt ist und sagt, daß er keine Lust mehr hat, nur weil er kritisiert wurde.

Weiterhin erschien es mir in diesem Zusammenhang wichtig, Diskussionsfähigkeit zu üben. Das heißt, daß die Kinder nicht alles über mich laufen lassen, was sie entscheiden. Sie sollten möglichst versuchen, die anderen, die mitmachen, in ihre Überlegung miteinzubeziehen. Dies stärkt wiederum das Gemeinschaftsgefühl und fügt diese Gruppe zusammen. Dies erschien mir ebenfalls wichtig, da es in dieser Altersgruppe, zwischen 10 und 13 Jahren, anfängt, das andere Geschlecht zu erkennen, und Neckereien sowie Streitereien an der Tagesordnung sind. Mit dem Gemeinschaftsgefühl wollte ich erreichen, daß die Kinder erkennen, daß man auch mit dem anderen Geschlecht etwas zusammen erreichen kann und daß eine „Arbeitsgruppe" nun einmal aus Jungen und Mädchen besteht.

Als letztes Ziel wollte ich die Kreativität fördern. Die Kinder sollten sich Gedanken machen und Vorschläge einbringen, die auch realisiert werden können. Weiterhin läßt sich sagen, daß die Kinder aktiv an der Herstellung des Comics beteiligt sein sollten, indem sie sich mit der Arbeit an dem Comic auseinandersetzen und nicht, wie das beim Basteln der Fall ist, einfach Teile ausschneiden und zusammenkleben. Mir erschien es wichtig, daß die Kinder sehen, wieviel Arbeit und Zeit in einem Projekt steckt, und daß sich die Komplexität, die ein solches Projekt beinhaltet, nicht „von selbst erledigt".

Meine Aktion begann am Freitag, den (. . .). Es war kurz nach 15.00 Uhr, als ich in die Vorhalle des Jugendzentrums ging, um zu sehen, wer von den Kindern schon da ist. Ich ging zu einer Gruppe Kinder, die am Kicker standen, und fragte Jürgen, 12:

„Jürgen, hast du Lust, ein Comic selber zu machen?"

„Wie ein Comic? Richtig mit Bildern?" lautete die verblüffte Antwort.

„Ja klar, mit Bildern", antwortete ich grinsend.

„Wann denn? Heute schon?" fragte er eifrig weiter.

„Und darf denn der Heiko auch mitmachen?"

„Ja, wenn er Lust dazu hat. Ja, ich wollte heute schon anfangen. Nur ihr müßt wissen, daß es nicht nur einen Tag dauert. Es geht bestimmt über eine Woche. Ihr solltet dann schon regelmäßig dasein", erklärte ich ihnen.

„Doch ich hätte schon Lust. Und du Heiko?" fragte Jürgen seinen Freund.

„Ja, ich habe Lust, und ich bin auch jeden Tag hier. Was wird denn das für'n Comic?" antwortete Heiko und sah mich fragend an.

„Das müssen wir dann mal sehen. Wir können das ja noch überlegen, wenn wir anfangen, o.k.?" fragte ich.

„O.k."

„Wer macht denn noch mit?"

„Die Babsy, die Susanne und die Anne. Die drei habe ich schon früher gefragt, als wir mal in der Holzwerkstatt zusammen gearbeitet haben. Ich denke, daß die Mädchen auch gleich kommen. Treffen wir uns in ungefähr zehn Minuten unten am kleinen Gruppenraum?" fragte ich die beiden und lächelte.

Jürgen lächelte zurück und sagte „Ist gut. Also in zehn Minuten", und die beiden Jungen kickerten weiter.

Ich ging in den Spielraum, um Papier und Stifte zu holen. Als ich den Raum wieder verließ, kamen mir schon Babsy, 12, Susanne, 10, und Anne, 9, entgegen. Alle drei fragten aufgeregt durcheinander, wann wir denn endlich anfangen würden.

Ich antwortete: „So in zehn Minuten. Der Jürgen und der Heiko machen auch mit."

Die Mädchen rannten in den großen Saal, und ich ging ins Büro, um den Schlüssel zu holen. Etwas später trafen wir uns alle vor dem kleinen Gruppenraum. Wir rückten gemeinsam auf mein Anraten hin die Tische zusammen und setzten uns so hin, daß jeder jeden gut sehen konnte.

„Ich möchte mit euch ein Comic selber machen. Dies wird einige Tage dauern, und ich möchte euch bitten, daß ihr an den Tagen, wo wir uns treffen, hier seid."

„Ja, wie soll das denn aussehen?" fragte Anne interessiert.

Ich blickte in die Runde und fragte:

„Was wollt ihr denn für ein Comic machen? Etwas Lustiges oder etwas Gruseliges oder etwas Alltägliches, z. B. eine Familiensituation, oder etwas Spannendes?"

„Nö, keine Familiensituation. Das ist langweilig. Was Lustiges, das fände ich gut", sagte Babsy.

„Ne, nachher können andere nicht darüber lachen und dann?"

Heiko blickte fragend zu mir hinüber.

„Ja, das stimmt. Wenn das nicht wirklich komisch ist, wird das vielleicht peinlich. Wie wär's denn mit etwas Gruseligem?" fragte ich die Kinder.

„Lieber was Spannendes. Ich habe schon 'ne Idee. Zwei Kinder fahren auf 'ne Insel und sind . . .", fing Jürgen an, wurde von Babsy unterbrochen, die sagte:

„Genau, zwei Kinder sind mit dem Flugzeug abgestürzt und haben als einzige überlebt."

„Das ist doch schon mal eine gute Idee. Wie wäre es denn, wenn einer von euch Stichpunkte aufschreibt, damit wir später wissen, was wir schon an Vorschlägen haben?" schlug ich vor. Der Vorschlag wurde angenommen, und nach einem Hin und Her „opferte" sich Jürgen und begann zu schreiben:

„Soll ich schreiben, ‚Flugzeugabsturz'?" fragte er mich, und ich antwortete:

„Ja, würde ich sagen, oder was meint ihr?"

Babsy schlug vor:

„Flugzeugabsturz auf einer einsamen Insel!"

„Oder im Urwald", rief Anne.

„Ja, das ist auch nicht schlecht, wenn die Kinder im Urwald abstürzen. Schreib doch ‚Flugzeugabsturz' als ein Stichwort und im Urwald gelandet als das zweite", lautete meine Unterstützung.

„Ja, genau. Dann haben wir schon zwei Stichpunkte", sagte Anne.

„Und wie soll die Geschichte weitergehen?" fragte ich in die Runde.

„Dann kommen die Ureinwohner und wollen die Kinder mitnehmen!" schlug Heiko vor.

„Aber warum wollen denn die Eingeborenen die Kinder mitnehmen?" lautete meine Frage.

„Die wollen denen helfen!" antwortete Jürgen und nickte wie zur Bestätigung.

„Genau", sagte Babsy "die helfen denen, weil sie verletzt sind und nicht voran kommen."

„Wohin wollen die Kinder eigentlich? Ihr fliegt ja auch nicht einfach so in den Urwald, oder?" gab ich als Denkanstoß.

„Ja, stimmt. Die wollen jemanden besuchen", gab Babsy zurück.

„Vielleicht sollte der Jürgen erstmal aufschreiben, ‚Eingeborene', als neues Stichwort, und ‚der Besuch', als ein weiteres", schlug ich vor.

So ging es eine Weile hin und her, bis die Kinder sich mit meiner Hilfe einigen konnten, und nach ca. eineinhalb Stunden stand das Gerüst der Comicgeschichte mit genau zehn Stichwörtern. Als ich bemerkte, daß es für die Kinder ziemlich anstrengend wurde, schlug ich vor, die Umgebung anzusehen, wo man welche Fotos machen könnte. Unter anderem kam bei der Diskussion über die Geschichte heraus, daß die Kinder die Bilder, die in jedem Comic vorhanden sind, selbständig darstellen wollten. Das bedeutet mit Verkleiden, Schminken und Fotos machen.

Als ich im Büro ankam, fragte mich Gaby, wie es denn gelaufen wäre.

„Also ich muß sagen, für das erste Mal echt gut. Die Kinder hatten ganz tolle Ideen und konnten diese auch einbringen. Nur um die Susanne mache ich mir Sorgen. Sie hat die ganze Zeit nicht ein Wort gesagt, höchstens mal genickt."

Daraufhin erklärte Gaby mir, daß Susanne ein sehr zurückhaltendes Kind sei, das erst mit der Zeit Zutrauen zu jemanden findet.

Doch alles in allem war ich sehr zufrieden mit dem Tag. (. . .)

„Na, Kostüme und Schminke natürlich!" rief Heiko.

„Wie wollt ihr euch denn anziehen?" fragte ich daraufhin.

„Sollen wir schon mal die Kiste holen, Sonja?" fragte Jürgen und stand bereits an der Tür.

„Ja ist gut", antwortete ich. „Heiko, hilfst du dem Jürgen?" Er nickte bloß und war auch schon verschwunden.

„Holen wir in der Zwischenzeit die Schminke?" fragte ich die beiden Mädchen.

„Au ja, ich weiß auch, wo die ist", sagte Babsy und rannte in Richtung Saal, um die Theaterschminke zu holen.

Als wir alles zusammen hatten, setzten wir uns zusammen, und ich fragte die Kinder:

„Wie habt ihr euch das denn vorgestellt? Wer soll welche Rolle übernehmen?"

„Wir sind die Kinder!" rief Babsy sofort aus. „Sonja, dürfen wir die Kinder spielen?"

„Ja, das sollt ihr ja entscheiden. Jürgen, was meinst du denn? Was würdest du denn gerne sein?" fragte ich ihn, um die Entscheidung den Kindern zu überlassen.

„Ich will einen Eingeborenen spielen."

„Ich auch!" lautete Heikos Antwort.

„Dann sind wir die Kinder. Ist doch gut Susanne, oder?" fragte Babsy, und Susanne nickte.

„Möchtest du wirklich ein Kind spielen? Oder lieber jemand anderen?" fragte ich Susanne.

„Nein, ich möchte ein Kind spielen und Ela heißen!" sagte sie zu mir.

„Oh, wie gut du das sagst, Susanne, Namen müssen wir uns auch noch ausdenken!"

„Das können wir ja dann machen, wenn wir die Sprechblasen basteln, ne?" antwortete Jürgen.

„Willst du richtig basteln?" fragte ich.

„Weiß nicht", lautete die Antwort.

„Das können wir ja noch sehen. Sollen wir jetzt anfangen?"

Sofort begannen die Kinder in der Kleiderkiste zu wühlen. Nach einer Weile fanden sie die Sachen, die sie benötigten.

„Wollt ihr auch Perücken haben?" fragte ich die beiden Eingeborenen.

„Ja, wie sehen die denn aus?"

Ich gab Heiko eine schwarze Lockenperücke und sagte: „Setz doch mal auf!"

„Nein, ich will so ein Ding nicht haben!" antwortete er etwas wütend.

„Probier doch wenigstens mal", sagte ich zu Heiko, da ich nicht verstehen konnte, warum er auf einmal wütend wurde.

„Nein, ich will nicht!"

„Gib her. Ich ziehe die Perücke auf!" sagte Jürgen und stülpte sich das Ding über den Kopf. Wir mußten alle lachen, da es wirklich zu komisch aussah. Als die Kinder fertig waren mit dem Um- bzw. Anziehen, gingen wir zu der Stelle im Wald, die wir am Tag zuvor ausgesucht hatten.

Wir begannen mit dem Flugzeugabsturz, und Babsy und Susanne legten sich an einer Stelle, die sie sich selbst ausgesucht hatten, auf Äste und Boden. Ich knipste. So ging es weiter. Jede Szene wurde dargestellt und fotografiert. Die Eingeborenen kletterten auf Bäume, um Ausschau zu halten, und die beiden Kinder verirrten sich immer mehr. Wir hatten alle, eingeschlossen Gaby, die ebenfalls mitgekommen war, einen riesen Spaß. (. . .)

Am Mittwoch, den (. . .) trafen wir uns wieder vor dem Gruppenraum.

„Wir wollen uns heute mit dem Titel des Comics beschäftigen. Wißt ihr, was ein Titel ist?" fragte ich.

„Ja, das ist das, was oben drüber steht", antwortete Jürgen.

„Ja, richtig. Was meint ihr denn, wie könnte das Comic heißen?" versuchte ich die Kinder zu ermutigen, wobei ich in meiner Aufregung vergaß, darauf hinzuweisen, was ein Titel beinhaltet. Die Kinder besprachen einzelne Titelvorschläge, d.h., sie sammelten einzelne Wörter und schrieben diese auf. Auch an diesem Tag war es Babsy, die Stichwörter aufschrieb.

„Wir können doch auch etwas vorne drauf malen, oder?" fragte Heiko eifrig.

„Natürlich. Was möchtest du denn malen?" erwiderte ich.

„Ich weiß etwas!" rief Jürgen dazwischen. „Eine Palme. Soll ich die malen?"

„Ja klar. Doch du solltest sie besser vorher auf ein Blatt Papier vorzeichnen oder mit Bleistift vormalen!" antwortete ich. Sogleich begann er eifrig auf das Comic vorzuzeichnen. Die Comicseiten wurden vorher in der Mitte von den Kindern gefaltet.

Heiko malte auf ein Blatt Papier einen Affen und zeigte ihn mir. „Find' ich gut. Frag doch mal die anderen, ob sie den auch vorne drauf haben wollen?" sagte ich zu ihm.

„Soll ich den auch vorzeichnen?" fragte er die Kinder, und die Antwort lautete: „Ja, mach doch!"

Susanne, die bisher sehr zurückhaltend war, kam zu mir und zeigte mir einen Kaktus. Sie flüsterte mir ins Ohr:

„Guck mal"

„Der sieht aber gut aus. Zeig den anderen den Kaktus, sie wollen den bestimmt auch auf der Vorderseite haben", antwortete ich ihr. Sie ging zu den anderen, und Jürgen sagte:

„Der sieht gut aus. Hier hast du den Bleistift. Mußt du zuerst vorzeichnen!" Glücklich über diesen Zuspruch zeichnete Susanne den Kaktus.

„Wie weit seid ihr denn mit eurem Titel?" fragte ich die Kinder, als ich merkte, daß es zur Zeit nur ums Malen ging.

„Ach ja, der Titel", sagte Jürgen und grinste. Sie sahen sich noch einmal die Wörter an, die Babsy aufgeführt hatte, und setzten dann einfach zwei Vorschläge zu einem Titel zusammen:

„Zwei verirrte Kinder auf dem Weg zum Onkel Benn."

„Ja o.k. Wenn ihr das Comic so benennen wollt, ist das in Ordnung!" sagte ich.

„Kann ich die Umrandungen für die Bilder malen?" fragte Babsy mich.

„Das kannst du machen, aber wir wissen ja noch nicht, wie groß die Bilder werden. Ich meine, welches Bild waagerecht und welches senkrecht gesetzt wird. Wir müssen das also wieder ausradieren können", antwortete ich ihr. „Macht ja nix", erwiderte sie und begann zu zeichnen. Sie benutzte dazu eine Bildschablone, die ich auf Anraten Gabys angefertigt hatte. Zu spät bemerkte ich, daß Babsy die Umrandungen mit dem Edding, der für Sprechblasen und Titel bestimmt war, zeichnete.

„Babsy, warum machst du das denn mit dem Edding?" fragte ich sie leicht entsetzt.

„Ach, ja ich sollte die ja vorzeichnen. Ist doch egal, ist doch ein Comic!" erklärte sie.

Ich wußte nicht, was ich hätte sagen sollen, als Jürgen sagte:

„Wir können ja auch noch von innen malen, dann malen wir eben da drüber! (. . .)«

Text 26 – Gundel: »Gemeinsam planen find' ich sehr gut.«

Bearbeitungspunkte

1. Nachdem Sie diese Geschichte gelesen haben, stellt sich auch für Sie sicher die Frage, ob es sich dabei um eine Geschichte zum gemeinsamen Planen handelt.
   Vergegenwärtigen Sie sich noch einmal die eingangs formulierten Inhaltspunkte zur Handlungsweise, und überprüfen Sie diese an der Geschichte.
2. Ab der mit ➔ markierten Stelle soll die Geschichte von Ihnen verändert werden. Beachten Sie jetzt, daß es eine gemeinsame Planung – Adressat als Gestalter der Aktion – ergibt.
3. Versetzen Sie sich selbst in die Lage der Praktikantin, die ja eine sehr spontane gemeinsame Planung erlebt hat, und erstellen Sie eine Planung, die die Aktion weiterführt.
4. Kommentieren Sie die Geschichte und die Reflexion. Geben Sie der Praktikantin ein Feedback darüber, inwieweit sie die vierte Entwicklungsaufgabe bewältigt hat und an welchen Aspekten sie noch arbeiten muß.

»In der letzten Woche des Praktikums war das Wetter sehr schön, die Sonne schien, und wir hatten die Fenster weit geöffnet, einige Kinder saßen auf der Fensterbank. Ich ging zu ihnen.

„Hallo, schön warm heute, was?" „Ja". „Können wir nicht rausgehen?" „O ja!" riefen die Kinder durcheinander. „Natürlich, wir können ja auf die Wiese gehen!" Wir gingen also nach draußen (hinter dem Haus befindet sich eine große Wiese). Die Kinder tobten sich erst einmal richtig aus, indem wir Fangen u. a. spielten. Nach einer Weile kam Jasmin zu mir und fragte: „Was können wir denn noch machen?" „Hm . . . Hast du eine Idee?" fragte ich sie. „Ich weiß nicht." Wir setzten uns auf die Bank, auch die anderen Kinder kamen zu uns. „Wir können ja einen Drachen bauen", schlug Jasmin vor. „Och, das haben wir doch erst!" Die Kinder hatten erst vor einigen Wochen einen Drachen gebastelt. „Nee!" sagten auch die anderen Kinder. „Wir können ja kleine Flieger bauen", sagte Markus. „Ja, ich habe zwei verschiedene Modelle zuhause, die kann ich holen", sagte Rainer. „Und ich hab ein Buch zuhause, da ist auch so was drin!" sagte Jasmin, die die Idee auch gut fand. „Super", schaltete ich mich ein, „die Idee ist toll, aber leider haben wir heute keine Zeit mehr, um die Flieger zu basteln, denn es ist schon halb fünf." „Ach . . ." „Aber wir können die Flieger ja morgen basteln, ja?" „Ja, dann kann ich auch morgen das Buch mitbringen." „Ja, genau. Wir können uns ja vielleicht schon einmal die Sachen überlegen, die wir benötigen!"

➔ Wir gingen wieder ins Haus und fertigten eine Liste an, auf der die Materialien standen. „So, was brauchen wir denn noch: Papier, Schere, Uhu . . ." „Stifte zum Anmalen!" sagte Rainer. „Ja, genau. Gut, sonst noch etwas?" Anschließend suchten wir uns schon einmal die Materialien zusammen, um gleich am nächsten Tag anfangen zu können. Dann schauten wir uns noch einige Bastelbücher an, um uns einige Modelle anzuschauen. Da es nun schon fünf Uhr war, gingen die Kinder nach Hause.

Reflexion:

Am nächsten Tag kamen alle Kinder, mit denen ich dieses Basteln geplant habe, einige Kinder schlossen sich noch an. Markus und Jasmin hatten ihre Sachen (Buch/Modelle) mitgebracht. Die Durchführung machte allen Kindern Spaß. Es entstanden tolle Modelle, welche die Kinder sich aussuchen konnten. Die Kinder halfen sich untereinander, je nachdem, wer schon einmal ein Flugzeug gebastelt hat. Anschließend gingen wir raus und ließen die Flugzeuge fliegen

Nachdem die Kinder sich bereits ausgetobt hatten, kam Jasmin zu mir und wußte nicht, was sie machen konnte. Gemeinsam überlegten dann die Kinder, was man machen könnte. Die Idee, Flugzeuge zu basteln, wurde von allen begeistert angenommen. Daß Jasmin und Rainer ihre Sachen mitgebracht haben, fand ich toll, denn dies zeigte mir, daß sie wirklich Spaß hatten und auch noch zu Hause daran gedacht haben.

Ich hielt mich bewußt etwas zurück bei der Planung, denn die Kinder hatten bereits tolle Ideen. Die Materialien zusammen aufzuschreiben und zusammenzustellen gehört, meiner Meinung nach, mit zum „gemeinsamen Planen", denn so haben sich die Kinder Schritt für Schritt auf das Basteln vorbereitet.

Gemeinsam Planen finde ich sehr gut, denn so kann man auf die Interessen und Wünsche der Kinder eingehen, die Kinder können ihre Ideen verwirklichen, und die Kinder fühlen sich mit einbezogen. Die Einrichtung ließ mir großen Freiraum, so daß mir gemeinsames Planen ermöglicht wurde. Z. B. konnte ich alle Materialien und Räume benutzen. Mir fiel es nicht schwer, mit den Kindern gemeinsam zu planen, denn ich bemerkte, daß die Kinder viel mehr Spaß haben, wenn man sie mit planen läßt. Auch konnte man sie leichter motivieren bzw. waren sie schneller motiviert und begeistert.«

Übergreifende Fragestellungen:

1. Die beiden Geschichten stellen sehr unterschiedliche gemeinsame Planungsstrategien vor. Halten Sie diese in einem Schlagwort oder einer kurzen These fest.
2. Vergleichen Sie die unterschiedlichen Motivationen, die zur gemeinsamen Planung führen.
3. Ein bedeutsamer Aspekt der gemeinsamen Planung ist die Beachtung der Interessen und Bedürfnisse der Kinder. Überprüfen Sie, ob dieser Aspekt in beiden Texten beachtet wurde.
4. Sie sollen in der Klasse ein kurzes Statement zum „gemeinsamen Planen" abgeben. Wie könnte es lauten?

2.4.3 Sich Neues erarbeiten

Zu Kindern Kontakt aufzunehmen, zu ihnen eine dauerhafte Beziehung aufzubauen und pädagogisch auf bestimmte Verhaltensweisen und Einstellungen einzuwirken setzt voraus, daß man als Person und in der Erzieherrolle anerkannt wird. Da nicht jeder über ein faszinierendes Charisma verfügt und dieses auch im Beruf nicht auf Dauer und hinreichend tragfähig ist, müssen Erzieherinnen und Erzieher über Methoden verfügen, die geeignet sind, von Kindern und Jugendlichen Anerkennung zu erfahren, und über die man pädagogische Ziele und Inhalte „transportieren" kann.
Kindern und Jugendlichen etwas beizubringen, ihr Interesse für etwas zu wecken ist im pädagogischen Alltag aufgrund verschiedener Entwicklungsbedingungen (auf welche hier nicht näher eingegangen werden kann) schwierig geworden und setzt die ständige Bereitschaft voraus, sich als Erzieherin/als Erzieher weiterzuentwickeln und das Methodenrepertoire zu aktualisieren und ggf. zu erweitern.
Damit Sie diesen dynamischen Prozeß nicht als berufliche Last empfinden, sondern professionell agieren, ist es sinnvoll, daß Sie im Verlauf Ihrer Ausbildung erproben und herausfinden, wie Sie sich neue Methoden möglichst effektiv und rationell aneignen können.

Eigene Vorüberlegungen zum Thema

Im folgenden finden Sie unterschiedliche Varianten der Aneignung einer neuen Methode/Technik oder des Umgangs mit einem neuen Medium/Material. Bevor Sie sich mit diesen auseinandersetzen, machen Sie sich bitte vorab bewußt, wie Sie gewöhnlich an etwas Neues herangehen, z. B. Arbeit mit dem Computer. Experimentieren Sie sogleich drauflos, oder lesen Sie zunächst die Gebrauchsanweisung? Lassen Sie sich das Neue von jemandem erklären, oder liegt es Ihnen mehr, sich selbst Schritt für Schritt damit vertraut zu machen?

Text 27 – Eva-Maria: »Plätzchen backen«

Bearbeitungspunkte

1. Vollziehen Sie schrittweise nach, welche Vorüberlegungen die Praktikantin trifft, und beurteilen Sie diese kritisch im Hinblick auf Vollständigkeit.
2. Betrachten Sie die geschilderte Durchführung der Backaktion, und analysieren Sie die auftauchenden Probleme vor dem Hintergrund der Planungsüberlegungen.
3. Führen Sie sich die reflektierenden Äußerungen der Praktikantin vor Augen, und bilden Sie sich ein Urteil über ihre Lernerfahrungen im Hinblick auf die Entwicklung der beruflichen Kompetenz, mit Kindern eine Backaktion durchzuführen.
4. Entwerfen Sie eine alternative Planung, in der Sie alle Gesichtspunkte berücksichtigen, die sich aus der Bearbeitung der Aufgaben 1 bis 3 ergeben.

»Pädagogischer Anlaß

Die Adventszeit war ein Anstoß, mit den Kindern zu backen. Außerdem haben die Kinder momentan keine Back- oder Kochmöglichkeit, die Kochecke wird neu gestaltet. Ich habe bis jetzt noch nie mit Kindern gekocht oder gebacken.

Pädagogische Ziele

Die Kinder sollen
- vor allem Spaß haben,
- den Umgang mit einigen Haushaltsgeräten erfahren,

- so eigenständig wie möglich die Zubereitung von Teig und schließlich von Plätzchen ausprobieren können,
- erfahren, wie Teig/Plätzchen hergestellt werden.

Nachdem ich mir das Einverständnis der Erzieherin eingeholt habe, mit der Klausel, Vollkornmehl zu verwenden, besorge ich mir ein einfaches Plätzchenrezept. Da ich nicht sehr viel Erfahrung in der Zubereitung von Teig habe (vor allem mit Vollkornmehl noch nie etwas zu tun hatte), probiere ich das Rezept vorher aus. Dabei fallen mir Punkte auf, die ich auch bei der Aktion selbst beachten muß. Das sind: die Stärke des ausgerollten Teiges, die Plazierung der Plätzchen auf dem Blech, so daß sie beim Backen nicht zusammenbacken, die bessere Haftung der Schokostreusel, wenn das Plätzchen vorher mit etwas Ei bestrichen wird, und daß die Plätzchen sich nach dem Ausstechen mit einem Messer gut von der Unterlage lösen lassen.

Das Rezept (Albert-Keks)

500 g Mehl, zweieinhalb Teelöffel Backpulver, 125 g Fett, 125 g Zucker, drei Eier, ein halber Teelöffel Salz, drei Päckchen Vanillezucker.

Fett und Eier verrühren, andere Zutaten dazurühren, Teig ausrollen, ausstechen und auf gefettetem Blech in vorgeheiztem Ofen (200°) ca. fünf bis zehn Minuten backen.

Das Material

Mehl, Backpulver, Margarine, Zucker, Eier, Salz, Vanillezucker, Mandelsplitter und Schokostreusel (bunt).

Rührschüssel, Mixer und Knethaken, Holzbrett zum Teigausrollen, Nudelholz (beides möglichst zweimal), zwei bis drei Pinsel, drei Tassen, vier bis fünf Teelöffel, Messer (zum Plätzchenabheben), Backbleche, Ausstechförmchen, zwei Eßlöfffel, Butterbrotpapier, Schürzen, Eieruhr, Tablett, Pfannkuchenheber.

Einen Tag vor der Aktion möchte ich mit zwei Kindern die Zutaten einkaufen gehen. Bei einer Besprechung mit der Erzieherin vor dem Einkaufen werde ich aufgefordert, braunen Zucker und braune, also nicht bunte Schokostreusel zu verwenden. Außerdem wird mir vorgeschlagen, den Teig von den Kindern mit der Hand kneten und das Rezept bzw. den Teig in zwei Gruppen herstellen zu lassen. Ich gehe darauf ein.

Ort der Aktion

Das naheliegendste zur Zubereitung von Plätzchen wäre die Küche, und dort wollte ich die Aktion auch erst durchführen. Bei einem Gespräch mit der Erzieherin meinte sie, der Gruppenraum wäre vorteilhafter, da die Kinder, die nicht mitbacken, den Vorgang verfolgen könnten und es außerdem später (als Erzieherin) nicht möglich wäre, für eine Aktion mit vier Kindern den Rest der Gruppe allein zu lassen. Bei mir kamen nur Zweifel auf, ob die Koch-/Frühstücksecke nicht zu eng sei, und die Frage, wie wohl die Kinder, die nicht backen würden, reagieren. Außerdem stört mich das Hin und Her zwischen Küche und Gruppenraum. Trotzdem werde ich die Aktion im Gruppenraum ausprobieren.

Weitere Vorüberlegungen

Ich werde die Aktion mit vier Kindern durchführen, da ich erstens nicht den Überblick verlieren möchte und zweitens sonst zuwenig Handlungsmöglichkeiten für die Kinder vorhanden wären. Die vier Kinder werden jeweils zu zweit den Teig und schließlich die Plätzchen herstellen. Somit haben sie noch die Aufgabe, miteinander zu kooperieren, sich abzusprechen. Das Rezept und den Vorgang der Teigzubereitung werde ich aufmalen, so daß die Kinder eigenständig den Teig herstellen können.

Ablauf, so wie ich ihn mir vorstelle

Nachdem der Frühstückstisch abgeräumt ist, spreche ich die beiden Kinder, die mit einkaufen waren, Wolfgang – der gerne mitbacken wollte – und ein viertes Kind an. Gemeinsam stellen wir die Tische um und besprechen in der Küche, was wir alles benötigen. Nachdem wir die Zutaten und Haushaltsgeräte im Gruppenraum aufgebaut haben, frage ich, was man als erstes vor dem Backen, aber auch vor dem Kochen macht. Kommen die Kindern nicht darauf, gebe ich Hilfestellung.

Wir gehen also gemeinsam Hände waschen und binden uns die Schürzen um. Nun frage ich, ob die Kinder schon mal Plätzchen gebacken haben, und stelle ihnen mein Rezept vor. Gemeinsam wiegen wir die Zutaten aus, und die Kinder können den Teig kneten. Danach waschen wir uns erneut die Hände und räumen das nicht mehr benötigte Material weg.

Die Backbleche werden eingefettet und der Teig ausgerollt. Ich mache die Kinder darauf aufmerksam, daß der Teig dünn sein soll, da sonst die Plätzchen zu dick werden. Nach dem Ausstechen gebe ich den Tip, die Plätzchen mit einem Messer von der Unterlage zu lösen, und erkläre, wie man die Plätzchen verzieren kann. Zwischendurch gehe ich mit einem Kind in die Küche und stelle den Backofen an.

Sind die Backbleche vollgelegt, bringen wir sie gemeinsam in die Küche, schieben sie in den Ofen und stellen die Eieruhr. Dann räumen wir die Koch-/Frühstücksecke auf. Sind die Plätzchen fertig, lassen wir sie auskühlen, und jeder darf mal probieren.

Kinder

Sandra ist sechs Jahre alt und war vorher in der Tagesstätte (für die unter dreijährigen Kinder) in derselben Einrichtung. Sie ist meist schon vor 8 Uhr und bis 16 oder 17 Uhr in der Einrichtung. Sie hat eine eineinhalbjährige Schwester (in der Tagesstätte), und vor kurzem hat sie eine zweite Schwester bekommen. Sandra ist selbständig und gern mit den Hortkindern zusammen, vor allem mit den Jungen albert sie gern herum.

Dilek ist fünf Jahre alt und Türkin. Sie war bis vor ca. einem halbem Jahr sehr schwerhörig. Durch eine Operation ist dies zum Teil behoben worden. Bei ihr zuhause wird zum größten Teil nur türkisch gesprochen. Dilek möchte gern alles sofort und als erste machen. Es ist schwer, sie zurückzuhalten.

Kathrin ist sechs Jahre alt und versucht dadurch, daß sie dem Hort oft Buntstifte oder Kleber mitbringt, eine Sonder- oder Führungsrolle einzunehmen.

Wolfgang ist sechs Jahre alt, und da er vor allem am Anfang eingenäßt hat, wird er von den Kindern zeitweise als „Stinker" oder „Hosenpisser" bezeichnet. Er hat eine geringe Frustrationstoleranz und ist daher schwer zu Aktivitäten zu motivieren. Die Einschränkung seiner Person, die manchmal nötig ist, um andere Kinder nicht zu benachteiligen, trifft bei ihm größtenteils auf die Verweigerung weiterer Tätigkeit, und es ist schwer, ihn aufs neue zu motivieren.

Ablauf, so, wie er war

Am Morgen vor der Aktion sammle ich die letzten Materialien zusammen und lege sie in der Küche bereit. Wolfgang kommt mit einer Schürze in den Gruppenraum und fragt, wann wir backen würden. Auch Sandra und Dilek, die Kinder, die mit einkaufen waren, hatten schon gefragt. Ich erkläre, daß wir, wenn alle Kinder gefrühstückt haben, anfangen können. Ich spreche noch Susanne, die mit Sandra zusammensteht, an, ob sie mitmachen möchte. Sie möchte!

Nach dem Frühstück sage ich den Kindern Bescheid. Lisa kommt zu mir und möchte auch mitmachen. Ich erkläre ihr, daß nur vier Kinder mitmachen können, da es mir sonst zuviel würde und es auch zu eng in der Kochecke würde. Lisa ist traurig und verunsichert, da es mir schwerfällt, ihr „Nein" zu sagen und ich sie nicht frustrieren will. Anita (Kinderpflegerin) sagt, sie würde gleich mit ihr und Avjerinos ewas ganz Tolles machen. Lisa geht zu Anita.

Gemeinsam mit den Back-Kindern räume ich den Frühstückstisch ab und stelle die Tische um. Die Kinder, bis auf Wolfgang, binden sich die Schürzen um, und ich versammle sie um den Tisch. Dann erkläre ich, was wir vorhaben, und wir gehen in die Küche. Ich frage, was wir alles zum Backen benötigen. Mit kleinen Hilfestellungen kommen die Kinder auf alle Materialien und Zutaten, außer auf Backpulver und Vanillezucker. Wolfgang erklärt, wofür wir das Backpulver benötigen bzw. was es bewirkt. Wir tragen alles in den Gruppenraum, und ich bemerke, daß ich die Waage vergessen habe. Ich sehe in der Küche nach, sie ist nicht da. Eine Kinderpflegerin aus der Tagesstätte geht hinüber in den Kindergarten und besorgt eine.

Etwas verunsichert durch diesen Zwischenfall zeige ich den Kindern mein aufgemaltes Rezept und lasse es mir erklären. Wolfgang möchte am liebsten alles erklären, aber die Kinder beschweren sich, und so lasse ich mir jeweils zwei Arbeitsschritte von einem Kind beschreiben.

An dieser Stelle hatte ich schon die Befürchtung, daß Wolfgang, beleidigt, nicht mehr mitmachen wolle. Dies passiert häufig, wenn man ihn darauf hinweist, daß er schon genug gesagt oder getan habe.

Die Waage kommt. Ich erkläre, daß wir zwei Teigportionen machen wollen und jeweils zwei Kinder zusammenarbeiten müssen. Sandra und Kathrin wollen zusammen den Teig herstellen, und ich frage, ob Wolfgang und Dilek zusammenarbeiten möchten. Wir fangen mit dem Abwiegen an. Immer abwechselnd sind die Gruppen und die jeweiligen Gruppenmitglieder dran.

Wolfgang möchte am liebsten alles alleine machen, und ich mache ihn darauf aufmerksam, daß er nicht alles alleine machen kann. Wolfgang: „Dann brauche ich ja gar nicht mehr mitmachen!" Er sieht mit verschränkten Armen Dilek beim Abwiegen zu. „Wolfgang, hör mal. Du siehst doch, daß hier noch mehr Kinder sind, und die wollen alle mitmachen, also müßt ihr euch auch mal abwechseln." Wolfgang bleibt. „Glück gehabt", denke ich.

Die Teigherstellung geht recht schnell, obwohl die Mulde im Mehl die Eier nicht ganz beherbergen kann und der Teig von Dilek und Wolfgang ziemlich trocken und bröselig ist. Zwischendurch probieren die Kinder das Mehl und den Teig und beschweren sich, daß nur der andre in ihrer Gruppe kneten würde. Ich sage den Kindern nochmals, sie sollen sich abwechseln und das unter sich ausmachen.

Ich hole die Backbleche, während die Kinder den Teig ausrollen. Das Ausstechen der Plätzchen verläuft nach einigen Streitereien um die Förmchen ziemlich ruhig, und die Kinder sind mit Eifer dabei. Nachdem das erste Blech vollbelegt ist und das zweite angefangen wird, zeige ich den Kindern, wie man die Plätzchen verzieren kann. Kathrin übernimmt diese Aufgabe. Dilek und Sandra rollen und stechen weiter aus, und ich frage Wolfgang, ob er mit mir den Backofen in der Küche vorheizen gehe. In der Küche will Wolfgang warten, bis der Ofen auf die gewünschte Gradzahl gekommen ist. So vereinbaren wir, daß er in der Küche wartet und Bescheid sagt, wenn es soweit ist.

Im Gruppenraum geht es hoch her. Die drei Mädchen streiten sich, wer die Plätzchen verzieren darf. Dabei fällt die Schüssel mit dem verschlagenen Ei herunter. Während ich ein zweites Ei vorbereite, wischt Sandra das heruntergefallene auf. Nun wechseln sich die drei ab, und ich helfe beim Ausrollen und -stechen mit. Als zwei Bleche vollgelegt sind, gehen wir alle hinunter in die Küche und schieben sie in den Ofen. Wolfgang hatte nicht Bescheid gesagt.

Wir stellen die Eieruhr und gehen gemeinsam zum Gruppenraum zurück. Im weiteren Verlauf möchte Wolfgang nicht mehr mitmachen, was ich ganz o.k. finde. An seiner Stelle kommt Lisa in die Runde. Um das Hin und Her zwischen Gruppenraum und Küche etwas zu dämpfen, gehe ich, als die ersten Plätzchen fertig sind, mit allen Kindern und später nur noch mit einzelnen oder allein die Plätzchen aus dem Ofen holen. Als der letzte Teig auf dem Blech liegt, räumen wir gemeinsam auf. Bevor ich in die Küche gehe, sage ich zu den Kindern, sie sollen sich einen Besen für den Boden und einen Lappen für den Tisch besorgen. Dilek und Lisa laufen los. Als ich in den Gruppenraum zurückkomme, macht die Praxisbetreuung mich darauf aufmerksam, daß Lisa etwas zu chaotisch den Tisch abgewischt hat und der ganze Boden naß sei. Ich sehe mich um und gehe mit Lisa einen Aufnehmer holen.

Reflexion

Als erstes hat mich das Hin und Her zwischen Gruppenraum und Küche genervt und, so glaube ich, den Ablauf der Aktion etwas zu hektisch gemacht. Außerdem war ich zu aufgeregt, und das haben die Kinder natürlich gemerkt.

Im großen und ganzen war ich aber zufrieden mit der Aktion und mit mir, vor allem, weil mir das Backen mit den Kindern Spaß gemacht hat. Daß die Aktion fast zwei Stunden gedauert hat, war nicht so schlimm. Die Kinder waren bis zum Schluß dabei. Die Streitereien um die Reihenfolge fand ich ebenfalls nicht schlimm, denn die Kinder haben es geschafft, sich mit etwas Hilfe zu einigen, und das ist wichtig.

Froh war ich über die Ausdauer von Wolfgang, er hat große Schwierigkeiten, lange an einer Sache zu arbeiten bzw. dabeizubleiben. Und so war es für mich o.k., daß er aufhören wollte. Ich hatte damit schon viel früher gerechnet.

Die Erzieherin fand meine Aktion nicht so gut wie ich. Sie war vor allem nicht mit meinem Verhalten einverstanden, als die Kinder die Teigzugaben und den Teig selbst probierten. Ich hatte es den Kindern nicht verboten. Sie hielt es für unästhetisch, daß die Kinder die Finger ableckten und dann wieder den Teig kneteten.

Für die nächste Backaktion würde ich einiges anders machen, z. B. die ganz Aktion in die Küche verlegen und versuchen, meine Nervosität etwas zu bändigen.«

Text 28 – Brigitte: »Tücher batiken«

Bearbeitungspunkte

1. Verfolgen Sie genau die Art und Weise, wie die Praktikantin die Kinder mit in die gesamte Aktion einbezieht bzw. einbeziehen möchte.
2. Betrachten Sie darüber hinaus alle übrigen Gedanken und Handlungen der Praktikantin, und charakterisieren Sie vor diesem gesamten Hintergrund (auch Ergebnis von 1.) das Rollenverständnis der Praktikantin.
3. Arbeiten Sie heraus, wie die Praktikantin sich auf die neue Methode vorbereitet und welche Lernerfahrungen sie macht.

»Im Nebenraum des Gruppenraumes befindet sich eine Puppenecke, in der auch eine Kleiderkiste steht, wo sich viele Kleidungsstücke und einige Tücher befinden. Die Tücher sind bei vielen Kindern sehr beliebt und werden gern zu vielen Rollenspielen verwendet. Beim Gebrauch der Tücher habe ich oft beobachtet, daß durch die geringe Anzahl der Tücher oft Streitsituationen entstanden. Bei einer dieser Situation fragte ich Max, was wir wohl machen können, damit nicht immer Streit wegen der Tücher entsteht.

Ein Kind machte darauf den Vorschlag, Tücher vom anderen Gruppenraum zu holen, wobei ich darauf aufmerksam machte, daß die Kinder aus dem anderen Gruppenraum auch gerne mit diesen Tüchern spielen und für längere Zeit diese bestimmt nicht abgeben wollen. Daraufhin fragte ich, ob wir nicht selber Tücher machen könnten. Die Kinder zeigten große Begeisterung für diese Idee. Ich überlegte dann, wie ich mich über bestimmte Techniken und Herstellung informieren könnte. Diese Techniken sollten auch den Fähigkeiten der Adressaten angemessen sein. Daß es Materialien sind, mit denen die Kinder gerne arbeiten, und es sie nicht überfordert oder sie ihre Freude verlieren.

Außerdem sollen bei dieser Technik auch mehrere Kinder teilnehmen können, damit auch die Kinder nicht durch das zu lange Warten gelangweilt werden und auch mit mehreren Kindern Freude entwickeln können. Es müssen bei der Methode auch verschiedene Farben verwendbar sein, um den Kindern eine Wahlkombination zu ermöglichen, weil sie für bunte Farben mehr Begeisterung zeigen. Es soll aber auch keine alltägliche Technik sein (die z. B. oft beim Freispiel angeboten wird), um sie mehr für das Tun zu motivieren. Außerdem muß diese Technik in den Räumlichkeiten, die wir im KG haben, durchzuführen sein. Auch darf diese Technik nicht eine zu große Konzentration erfordern. Da die Kinder sonst ohne Ruhepausen den Spaß verlieren würden und der zeitlichen Anspannung nicht standhalten könnten. Es soll auch eine Technik sein, die wenig mein Eingreifen erfordert und die Kinder selbständig arbeiten wollen.

Nach diesen Überlegungen erkundige ich mich nach Techniken und besorge einige Bücher, die auch auf diese Überlegung zutreffen können.

Die ausgewählten Bücher schaute ich dann in Ruhe durch und sortierte aus, welche Techniken wirklich den überlegten Voraussetzungen entsprechen. Nach dieser zweiten Auswahl entschied ich mich dann für einige Arbeitsmethoden, die auch mit Bildern im Buch beschrieben sind. Diese Methoden zeigte ich bei der nächsten Gelegenheit den Kindern, mit denen ich auch die Idee entwickelt hatte. Die Kinder zeigten zunächst für alle ausgewählten Methoden großes Interesse. Schließlich entschieden wir uns dann für eine Technik, nämlich für Batiken. Die Materialien, die wir für das Batiken benötigten, schauten wir uns lange an, und die bildliche Durchführung im Buch gab uns eine kleine Übersicht über unser Handeln.

Nach der Betrachtung der Materialien, Durchführungsbilder fragte ich die Kinder, welche Dinge wir für unsere Aktion benötigen (um es genauer einzuprägen):

Bettlaken
Schere
Batikfarben
Schüsseln oder Eimer
Handschuhe
Kittel oder Plastikschürze
Kochlöffel oder Stöcke

Ich fragte dann, was wir machen können, um diese Dinge nicht zu vergessen, worauf die Kinder sagten, daß ich es doch aufschreiben kann.

Nachdem wir nun unseren Einkaufszettel fertig hatten, versprach ich ihnen dann, am nächsten Tag die Materialien zu besorgen, um unsere Aktion durchzuführen (gemeinsam konnten wir die Sachen nicht besorgen, weil kein Bastelgeschäft in Nähe des KG sich befindet). Am Nachmittag besorgte ich dann die Materialien und probierte diese Technik zunächst zu Hause selber aus, um mögliche Schwierigkeiten oder Gefahren für die Kinder auszuschließen.

Kurze Beschreibung der Technik Batiken

Es werden mehrere Schüsseln benötigt. In eine Schüssel wird eine Tüte Farbpulver ausgeleert, wobei auch Mischung der Farbkomplexe möglich ist. Auf das Farbpulver wird dann der Stoffmenge entsprechend kochendes Wasser darüber gegossen und mit einem Stock umgerührt. Nach Verteilung des Pulvers wird der Stoff in die Schüssel hineingetaucht. Eine gleichmäßige Färbung wird erreicht, wenn der Stoff in diesem Bad bewegt wird. Es ist jetzt auch möglich, den Stoff in eine andere Farbschüssel einzutauchen, um dadurch eine Farbvariation zu erhalten. Nach diesem Vorgang wird der Stoff nach ca. 15 Minuten aus der Schüssel herausgenommen und ausgewrungen; anschließend aufgehängt.

Bei der Durchführung zu Hause merke ich, daß ich an einigen Stellen Hilfestellungen geben muß und oft auf Gefahren, z. B. mit dem kochendem Wasser, hinweisen muß. Dabei stellte ich außerdem noch fest, daß beim Wechseln des Stoffes von einer in die andere Farbschüssel ein Kochlöffel nicht ausreicht und zu gefährlich sein kann.

Dieser Vorgang ist aber mit Suppenkellen, Keschern auch für Kinder zu erledigen. Nach dieser Durchführung zu Hause konnte ich sicherer am nächsten Tag diesen Vorgang durchführen. Die Durchführung erfolgte dann auch nach meiner Vorstellung.

Nachdem wir viele Tücher gefärbt hatten, entwickelten die Kinder viele neue Spielkreationen mit den selbst hergestellten Tüchern.

Eine Kreation fand ich besonders geeignet für das pädagogische Durchsetzen meiner Ziele. Die Situation spielte sich im Nebenraum ab, wo ich beobachtete, wie einige Kinder versuchten, mit den Tüchern etwas zu konstruieren, wobei sie andere Kinder, die auch im selben Raum in der Puppenecke und Arztecke spielen wollten, nicht rein ließen. Als ich in dieser Szene eingriff, suchte ich nach Lösungen, wobei beide Spielgruppen ihre Bedürfnisse befriedigen sollten. Ich fragte die Kinder nach einer Lösung, wobei die anderen Kinder die beliebten Ecken nutzen können, die anderen Kinder wiederum ihre Höhle bauen konnten (wovon sie mir erzählten), ohne daß sie gestört werden können.

Ein Kind, das am Bau der Höhle beteiligt war, fragte, wo sie denn sonst eine Höhle bauen können. Ich überlegte schnell, wo genügend Platz wäre, und schlug den Flur vor. Die Kinder fanden diesen Vorschlag sehr gut und gingen mit den Tüchern in den Flur. Da es im Flur auf dem Boden kälter war, holte ich einen griffbereiten, etwas größeren Läufer, den ich im Flur an der Wand entlang ausrollte, um hier die Möglichkeiten zu schaffen.

Die Kinder konnten nun ungestört ihrer Phantasie freien Lauf lassen.

Um bei der Berufsrolle eigene pädagogische Ziele durchzusetzen, sah ich es nicht für sinnvoll an, den erst neu gestalteten Gruppenraum großartig zu verändern, denn ich hätte keine Vorteile für die Kinder darin gesehen, da die meisten Ecken neu eingerichtet wurden. Z. B. die Doktorecke, die erst neu entstanden ist und die ich auch nicht verändern will, weil sich die Kinder damit noch auseinandersetzen. Ich sehe es für sinnvoller an, diese bereits eingerichteten Ecken zu erweitern und dadurch noch zusätzliche Möglichkeiten zu schaffen.

Der Flur, auf dem ein Tisch stand, wurde bisher für Bastel- oder Knetarbeiten benötigt. Aus der beschriebenen Situation heraus ergab sich die Idee, diesen Flur, wo eine Wandseite frei war, als Erweiterung von Spielmöglichkeiten zu schaffen. Über dieses Erweiterung redete ich mit der Gruppenleiterin, schlug vor und erzählte ihr die bereits oben genannte Szene. Ich machte auch den Vorschlag, die Seite des Flurs auch für andere neue Aktionen zu verwenden, z. B. für eine Malaktion auf dem Boden. Ich begründete, diese Möglichkeit zu nutzen, um dadurch weiteren Bedürfnissen der Kinder nachzugehen.

Die Gruppenleiterin war mit dieser Idee einverstanden und fand sie sehr sinnvoll. Sie unterstützte mich, indem sie noch auf weitere nach Bedarf nutzbare Materialien hinwies, die auf dem Flur günstiger ihren Sinn finden, z. B. neues Material oder Spiele oder z. B. Tonaktion. Durch die pädagogischen Vorstellungen konnte ich meine Ziele durchsetzen, wobei ich auch eine Unterstützung bekam und auf neue Weiterführungsmöglichkeiten aufmerksam gemacht wurde. Bei der Durchsetzung meiner Ziele fand ich Kompromißbereitschaft von seiten der Gruppenleiterin. Durch den anfangs beschriebenen Konflikt, daß zuwenig Tücher vorhanden waren, entstand eine neue Methode, sich anzueignen, was dann dazu führte, ein pädagogisches Ziel durchzusetzen.«

Übergreifende Fragestellung

Sie haben sich hier mit zwei unterschiedlichen Vorgehensweisen der Aneignung von etwas Neuem befaßt.

Halten Sie die zwei vorgestellten und bearbeiteten Lösungsmöglichkeiten, sich etwas Neues anzueignen, nebeneinander:

- Stellen Sie die Unterschiede in den Vorüberlegungen gegenüber.
- Halten Sie die jeweils entscheidenden Charakteristika des Verlaufs der Aktionen gegeneinander.
- Nehmen Sie vorsichtig eine Einschätzung über die jeweilige persönliche Orientierung der Praktikantinnen vor, soweit es der vorliegende kurze Ausschnitt ihrer Tätigkeit zuläßt.

Stellen Sie sich nun bitte vor, Ihre Praxisanleiterin/Ihr Praxisanleiter regt Sie an, gemeinsam mit den Hortkindern einen Kaninchenstall zu bauen und die Kinder mit der Pflege der Tiere vertraut zu machen. Skizzieren Sie Ihre Herangehensweise an die Aufgabe in einer Form, die Ihrer „Methode“ (vgl. die einleitende Reflexion) angemessen ist. Beurteilen Sie im Anschluß daran, inwieweit Sie ihre Alltagsmethode erweitert, verändert oder ersetzt haben, wenn es darum geht, sich im pädagogischen Kontext etwas Neues anzueignen. Diskutieren Sie Ihren Lösungsweg mit den Mitschülerinnen und Mitschülern Ihrer Klasse.

Auswertung der Texte und Reflexionen im Hinblick auf die Entwicklungsaufgabe IV: „Formulierung einer Strategie für die Professionalisierung in der Berufspraxis“

Arbeiten Sie heraus, inwiefern in den einzelnen Texten/Geschichten die übergreifende Lösung der Entwicklungsaufgabe IV deutlich wird: „Auch wenn ich zu Beginn der Berufspraxis nicht alles kann, was ich können müßte, werde ich im Berufspraktikum nicht untergehen, weil ich weiß, wie ich dort noch lernen kann.“ Informieren Sie sich noch einmal auf der Seite 69 dieses Buches über die Aspekte der Entwicklungsaufgabe IV. Halten Sie für sich selbst fest, an welchen Aspekten der Entwicklungsaufgabe Sie selbst verstärkt arbeiten wollen.

3. Theoretische Erläuterungen

Wir knüpfen in diesem Kapitel an den methodischen Überblick aus Kapitel 1 an. Die nachfolgende ausführlichere Darstellung soll Ihnen helfen zu verstehen, was mit Ihnen in den Jahren der Ausbildung „passiert", wie Sie aus Ihren Vorerfahrungen Ihre erzieherischen Qualifikationen entwickeln. Der erfahrungswissenschaftliche Hintergrund dafür kann weiter in der Fachliteratur nachgelesen werden. (Gruschka, Wie Schüler Erzieher werden, Wetzlar 1985)

3.1 Was tue ich als Erzieherin bzw. Erzieher?

Sie werden sich beim Durchblättern, Lesen und Bearbeiten der Geschichten vielleicht immer wieder gefragt haben, welchen Stellenwert diese nicht nur im Rahmen der Ausbildung, sondern auch Ihrer eigenen möglichen Entwicklung haben können. Daß etwa Mutmachen eine alltägliche Herausforderung in der sozialpädagogischen Einrichtung darstellt, versteht sich fast von selbst. Und ähnlich einleuchtend dürfte sein, daß nur eine gute Erzieherin, ein guter Erzieher werden kann, wer in der Lage ist, Kindern tatsächlich Mut zu machen. Aber das beantwortet nicht die Frage, welchen Stellenwert dieses Bausteinchen pädagogischer Handlungskompetenz im Gesamtrahmen der Fähigkeiten einer Erzieherin oder eines Erziehers einnimmt.

Diese Frage läßt sich nur beantworten, wenn man sich eine entsprechende Vorstellung von dem gebildet hat, was eine Erzieherin im Rahmen ihrer Tätigkeit zu tun hat, oder genauer formuliert, welches die spezifischen beruflichen (wissenschaftlich gesprochen: professionellen) Merkmale der Erziehertätigkeit sind. Wenn Sie in Richtlinien der Fachschule lesen oder wenn Sie in traditionellen Lehrwerken zur Erzieherausbildung nachschauen, so werden Sie ganz unterschiedliche Systematiken dieser professionellen Merkmale finden.

- Vorwiegend in älteren Lehrbüchern finden Sie das Konzept des Jahreszeitenzyklus: Die vier Jahreszeiten definieren in Verbindung mit den christlichen Feiertagen weitgehend die Aktivitäten in einer Einrichtung.
- In manchen neueren Büchern ist davon eine Sammlung konkreter Aktivitäten geblieben, die weiterhin in Kindergärten üblich sind: Basteln, Spielen, Singen etc. Ergänzt wird die Sammlung durch soziale Aktivitäten, deren pädagogischer Stellenwert immer stärker ins Bewußtsein gerückt ist: Elternarbeit, Teamarbeit, Freispiel und Besuche von Einrichtungen, wie zum Beispiel einem Krankenhaus.
- In anderen Konzeptionen wird eher auf die sogenannten zentralen formalen Handlungsdimensionen Wert gelegt wie etwa Planen, Gestalten, Auswerten etc.
- Schließlich ist noch der Versuch hervorzuheben, professionelles Handeln von Erzieherinnen und Erziehern mit der Entscheidung für ein didaktisches Handlungsmodell zu verbinden. In den letzten 20 Jahren dominierte in der deutschen Diskussion der „situationsorientierte Ansatz". Mit ihm waren die Erzieherinnen aufgefordert, jeweils ausgehend von der spezifischen Entwicklungs- und Lebenssituation von Kindern Angebote zu entwerfen.

Unserer Überzeugung nach gehören solche Beispiele für Systematiken zu dem, was im Kapitel 1 das „Repertoire" der Sozialpädagogik genannt wurde. In diesem Sinne ist es lehrreich, sich mit den verschiedenen Konzeptionen zu beschäftigen.

Indes sind solche Systematiken in der Ausbildung von Erzieherinnen nicht immer hilfreich. Sie richten den Blick und die Aufmerksamkeit auf bestimmte, vorab festgelegte Kriterien der Arbeit, und sie treffen deswegen nur mehr oder weniger die realen Bedingungen praktischen Handelns. Es gibt zum einen die Differenz zwischen Anspruch und Wirklichkeit. Sodann ist in den Konzepten wenig von den unmittelbaren praktischen Erfahrungen angehender Erzieherinnen die Rede: Wenn Sie ein Praktikum in einem Kindergarten absolvieren, nehmen Sie dort in erster Linie keine Systematik von Aktivitäten oder einen didaktischen Ansatz wahr. Statt dessen werden Sie, sobald Sie einen Zugang zu den Kindern und den Umgangsformen in der Einrichtung gefunden haben, im Prinzip mit der ganzen Vielfalt, Offenheit, dem ganzen eigentümlich geregelten Chaos pädagogischer Handlungssituationen konfrontiert. In diesem Sinne diktiert nicht die Theorie, sondern die Situation, die Sie vorfinden, was Sie zu tun haben. Haben Sie den Zugang zu Kindern geschafft, so müssen Sie damit rechnen, daß diese Sie in ein großes/kleines Universum von absichtsvoll ausgerichteten Handlungen verwickeln. Und umgekehrt ausgedrückt: Das, was Sie von Kindern wahrnehmen, teilt Ihnen zugleich mit, was Sie mit Kindern daraufhin tun sollten.

Ein Teil der Faszination, die vom Erzieherberuf ausgeht, liegt in dieser Offenheit, im geregelten Chaos der unterschiedlichsten Handlungsaufforderungen. Und wenn Sie studieren, was professionelle Erzieherinnen so großartig macht, dann werden Sie merken, daß diese in der Lage sind, auch noch in den unscheinbarsten Situationen in pädagogisch sensibler Weise zielgerichtet zu handeln. Solche Kolleginnen sind nicht nur in der Lage, in unterschiedlicher Weise (je nach Persönlichkeit des Kindes) diesem Mut zu machen, sie haben zugleich ein feines Sensorium dafür, wann es sinnvoll ist, einem Kind Mut zu machen, wann es dagegen erforderlich ist, es lediglich zu trösten, und wann es besser ist, den Schmerz eines Kindes zu ignorieren. Solche Erzieherinnen wissen, wie man in der unmittelbaren Situation des Schmerzes das Kind tröstet, sie wissen aber auch, wie man Kinder kurze Zeit später durch die Übergabe von Verantwortung von ihrem Schmerz wieder ablenkt usf. Ihr Register an Möglichkeiten ist differenziert in verbale, körperliche und visuelle Zuwendung etc.

Es ist unsere Überzeugung, daß vor allem solche vergleichsweise winzigen Aktivitäten den Alltag in einer sozialpädagogischen Einrichtung prägen, daß an ihnen studiert werden kann, wie professionell eine Erzieherin ihre Aufgaben erfüllt, und daß diese Aktivitäten schließlich wesentlich darüber entscheiden, wie gut gezielt geplante Aktivitäten (auch sogenannte Angebote) „ankommen" und wirksam werden. Von dieser Überzeugung ausgehend, orientieren sich die Beispiele der Geschichten nicht an dem, was üblicherweise in der Ausbildung von Erziehern im Vordergrund steht, nämlich die gesonderten geplanten Aktivitäten, sondern an den alltäglichen Aufgaben im Umgang mit Kindern.

Vieles von dem, was Sie gegenüber Kindern handlungsfähig macht, läuft bei Ihnen nach einer Zeit der Erfahrung mit Kindern wie automatisch ab. Viele von Ihnen werden auf die Frage, wie sie Kinder begrüßen würden oder wie sie Kindern Fragen stellen, spontan keine befriedigende Antwort geben können. Sie werden erst darüber nachdenken müssen, um sich bewußt zu machen, wie sie dabei vorgehen. Das hängt mit dem Umstand zusammen, daß ein großer Teil der sozialpädagogischen Fertigkeiten auf diesem Gebiet einfach eine Übertragung aus der bereits erworbenen „kommunikativen Kompetenz" in die sozialpädagogische Arbeit darstellt.

Zugespitzt formuliert: Sie lernen nicht erst in der Ausbildung, Fragen zu stellen. Was Sie aber in der Regel lernen müssen, ist, wie man Kindern so Fragen stellt, daß sie diese verstehen, bzw. wie man Kindern Fragen stellt, so daß diese etwas lernen können.

In der Ausbildung gilt die Fähigkeit zu Verhaltensweisen wie den zitierten oft als so selbstverständlich, daß sie nur selten ausdrücklich eingeübt werden. Statt dessen wird die Ausbildung sozialpädagogischer Handlungskompetenz häufig eher konzentriert auf das, was man in der Didaktik „Feiertagsdidaktik" nennt, also auf die Planung und Entwicklung gesonderter Aktivitäten und Angebote:

- Man lernt im „Sachbereich Werken", bestimmte jahreszeitliche Aktivitäten mit einer Kindergruppe durchzuführen,
- man lernt im „Sachbereich Musik", wie man mit Kindern ein Spiellied einstudiert,
- man lernt im „Sachbereich Sozialerziehung", wie man durch bestimmte Rollenspiele Außenseiter in die Gruppe integriert,
- man lernt unter dem Vorzeichen „situationsorientierter Ansatz", wie man mit einer Kindergruppe einen Krankenhausbesuch plant und durchführt (nachdem in einer Kindergruppe die Kinder sich sehr intensiv mit dem Tod oder der Krankheit von nahen Verwandten beschäftigt haben).

Mit diesen Aktivitäten lernen angehende Erzieherinnen, das eigene Handeln in komplexerem Sinne zu planen, sie lernen, mit bestimmten Medien bewußt gestaltend umzugehen. So selbstverständlich es ist, daß man eine gute Erzieherin, einen guten Erzieher daran erkennen wird, daß sie ein reiches und differenziert eingesetztes Repertoire kommunikativer Kompetenzen besitzen, so klar ist zugleich, daß sie auch die verschiedenen Aktivitäten beherrschen müssen. Beides hängt zusammen, eben so, wie es in jeder sozialpädagogischen Einrichtung tagtäglich verlangt wird.

Halten wir fest: Ausgehend von der Praxis einer Erzieherin und ausgehend davon, wie angehende Erzieherinnen mit dieser Praxis verwickelt werden, lassen sich grob gesprochen zwei Handlungsbereiche bestimmen:

- der Handlungsbereich der alltäglichen kommunikativen Umgangsformen, der Reaktionen auf Kinder,
- und der Bereich der gesondert geplanten Aktivitäten mit Kindern entlang der unterschiedlichen Medien sozialpädagogischen Handelns.

Für den ersten Bereich kann gelten, daß Sie bereits nach wenigen Tagen der Arbeit in einer Einrichtung mit dem konfrontiert werden, was zum kommunikativen Umgang mit Kindern gehört. Für den zweiten Bereich kann gelten, daß Sie erst langsam im Verlaufe der Ausbildung mit den verschiedenen Medien konfrontiert werden, bzw. daß Sie erst im Verlaufe mehrerer Praktika aufgefordert werden, komplexere didaktische Angebote zu planen.

Auch wenn alles von allen verlangt wird, gilt doch zugleich: Nur wenige von Ihnen werden sich in den Jahren ihrer Ausbildung und der sich anschließenden Praxis zu Universalgenies in der Sozialpädagogik entwickeln. Wenige von Ihnen werden also über das gesamte Spektrum sozialpädagogischer Aufgaben vergleichsweise meisterliche Fähigkeiten erwerben. Das verstehen Sie bitte nicht als Kritik an Ihrer Person, sondern als Zugeständnis darin, daß Sie mit unterschiedlichen Neigungen, Talenten und Fähigkeiten in die

Ausbildung eintreten. Manche von Ihnen werden so etwas wie ein Naturtalent im Trösten von Kindern haben, während dies anderen schwerer fällt. Manche von Ihnen werden Ihre bereits vorhandene Neigung zum Basteln zur Entwicklung außerordentlich reicher Kompetenzen in diesem Bereich nutzen, andere von Ihnen werden gegenüber dem Singen mit Kindern vielleicht Vorbehalte haben, weil sie sich selbst für weitgehend unmusikalisch halten.

Viele, vielleicht die meisten unter den Aufforderungen zum Handeln, die Sie in der sozialpädagogischen Einrichtung wahrnehmen, werden für Sie kein Problem darstellen, da Sie zu Recht davon ausgehen, die entsprechenden Aufgaben ohne gesondertes Training und Einweisung pädagogisch sinnvoll bearbeiten zu können. In anderen Bereichen aber werden Sie merken, daß Sie gezielt lernen und üben müssen, um den Anforderungen entsprechen zu können. Es werden insbesondere die unkalkulierbaren Erfahrungen mit Kindern sein, die Ihnen immer wieder Anlaß geben werden, mit Ihrer erreichten Fähigkeit unzufrieden zu sein. Diese Erfahrungen werden Sie motivieren, in der Schule etwas dafür zu tun, daß Sie im nächsten Praktikum besser mit vergleichbaren Situationen umgehen können. Kurz: Bei der Ausbildung sozialpädagogischer Handlungskompetenz werden solche Praxiserfahrungen eine viel wichtigere Rolle spielen als der Lehrplan, das normale Lehrwerk, das offizielle Curriculum, die konkret gestellte Schulaufgabe.

Wenn dieses Arbeitsbuch Sie dazu motiviert, sich mit Hilfe von Geschichten sowohl den erreichten Stand der Kompetenzen als auch Ihre zukünftigen Aufgaben bewußt zu machen, so hat es seine Absicht erfüllt. Versuchen Sie den eigenen Bildungsgang ernst zu nehmen! Ihr Bildungsgang, das bedeutet Ihre je persönliche Art und Weise, in der Sie die objektiv Ihnen mit der Ausbildung gestellte Aufgabe subjektiv für sich verbindlich machen. Dazu ist es erforderlich, sich immer wieder die Art bewußt zu machen, in der Sie mit den Herausforderungen der Erziehertätigkeit umgehen.

Zur Verdeutlichung dieser didaktisch praktischen und theoretischen Grundfigur wollen wir Ihnen eine „Geschichte“ aus unserer Unterrichtspraxis erzählen.

Einige Wochen nach Beginn der Ausbildung haben wir die Schüler einer Klasse aufgefordert, ihre Erwartungshaltung an die sozialpädagogische Praxis deutlich zu machen. Eine der Übungen hierfür bestand darin, daß alle Schülerinnen und Schüler aufgefordert waren, zwanzig „Handlungsweisen“ von Erziehern aufzuschreiben, die ihnen während eines Hospitationspraktikums aufgefallen waren. Während dieses Hospitationspraktikums bestand die Aufgabe u.a. darin, möglichst genau hinzuschauen, was Erzieherinnen denn tatsächlich während eines Tages „so treiben“. Die Klasse wollte sich einen Überblick verschaffen über die Vielfalt der Aktivitäten, und damit man die Einzelergebnisse sinnvoll zusammenfassen konnte, bestand die Arbeitsanweisung darin, die Handlungsweisen von Erzieherinnen möglichst in der Form von Verben (also Tätigkeitswörtern) zusammenzufassen. Bei der Auswertung der Beobachtungen half ein Personalcomputer. In diesen wurden die Handlungsweisen (Verben) eingetragen, und der Computer bekam den Befehl, die Sammlung alphabetisch zu ordnen. Auf diese Weise entstand zunächst ein Katalog von 450 Verben: eine beeindruckende Sammlung dessen, was die beobachteten Erzieherinnen augenscheinlich tatsächlich zu tun hatten. Bei der Durchsicht durch den Katalog fiel den Schülern auf, daß sie immer wieder unterschiedliche Verben für ein und die gleiche Aktivität aufgeschrieben hatten. Manchmal indes schien dies nur so zu sein, denn eine Diskussion über die Verben führte zu der Einsicht, daß letztlich doch Unterschiedliches mit ihnen gemeint war. Am Ende des „Reinigungsvorgangs“ der Liste entstand das beiliegende Übersichtsblatt. Es enthält immerhin ca. 150 verschiedene Aktivitäten von Erzieherinnen und Erziehern.

Übersicht: Handlungsweisen

abgeben, geben	ansehen	begrüßen	(sich) darstellen
sich abgrenzen	ansprechen	behalten/wegnehmen	diagnostizieren
Abneigung zeigen	antworten	bejahen	durchhalten
sich abseits stellen	aufgeben	belohnen	durchsetzen
abstimmen	aufräumen	bemuttern	
aggressiv sein	aufregen	beobachten	(sich) einbringen
albern/ernst sein	ausschneiden	beruhigen	(sich) einfühlen
allein sein		besänftigen	eingreifen
(sich) anbieten	backen	bescheiden sein	einladen
anerkennen	Ball spielen	beschreiben	einschränken
an-, auskleiden	basteln	beschützen	Elternarbeit betreiben
anleiten, führen	bauen	bestimmen	entdecken
annehmen/ablehnen	beaufsichtigen	bestrafen	erfinden
anpassen	befragen	beten	erforschen
anregen	befrieden	Bilderbuch, Bilder	erfreuen
anschauen	begründen	betrachten	erklären

erkunden
erlauben, gewährenlassen
ermutigen
erzählen
essen
experimentieren

falten
feiern
fordern
fragen
Freiraum nutzen
freispielen

Grenzen setzen
Gruppenarbeit betreiben

handarbeiten
Handlungspläne entwickeln
heimkommen
helfen
herausfinden
Hörspiel gestalten

improvisieren
(sich) informieren
integrieren
interagieren
isolieren

klatschen
kleben
kneten
kochen
kommunizieren
(sich) kontrollieren
kooperieren
konstruieren
Kontakt knüpfen
kritisieren

lachen
laufen lassen
lehren
lernen
loben

malen
matschen
mitbestimmen
mitmachen
mitspielen
motivieren
Mut machen

Neues erarbeiten
offen sein
ordnen
pflegen

phantasieren
planen
porträtieren
Problem lösen
puzzeln

reden
rechtfertigen
rollenspielen
ruhen

sich sachkundig machen
säubern
sammeln
im Sandkasten spielen
schminken
schmücken
schmusen
schweigen
schwimmen
Sicherheit geben
solidarisieren
spielen
Sport treiben
sprechen
spülen
Streit schlichten
strukturieren
stuhlkreisen

tadeln
tanzen
toben
trauern
trinken
trösten
turnen

übergehen
übersehen
überstimmen (lassen)
umlernen
(sich) unterordnen
unterstützen
untersuchen

verabschieden
verändern
verärgern
verbessern
verbieten
verkleiden
verlernen
vernachlässigen
verstehen
verstummen
verunsichern
(sich) verweigern
videographieren
vorlesen
vormachen
vorschlagen
vortragen

wahrnehmen
warnen
waschen
wegfahren
wegnehmen
weinen
(sich) weiterbilden
werben
werken
wütend sein

zuneigen
(sich) zurückhalten
zurückstecken, -ziehen

Diese Liste begleitete die Lerngruppe während der gesamten Zeit ihrer Ausbildung. Sie wurde immer mal wieder ergänzt und modifiziert und blieb ein zentrales Dokument während der gesamten Schulzeit. Seine Nützlichkeit bestand vor allem darin, daß sie als Sammlung der objektiven Anforderungen an die Tätigkeit einer Erzieherin half, die eigenen Erwartungen, dabei auch die persönliche Lernbiographie, zu deuten: In dem Bewußtsein darum, was alles zu tun ist, konnten individuelle Schwerpunkte in der Entwicklung gesetzt werden. Dabei bedeutete die Liste für jeden Schüler Unterschiedliches.

Viele Handlungsweisen schienen manchen Schülerinnen und Schülern als so selbstverständlich, daß sie sie „abhakten", während die gleichen Handlungsweisen für andere zu einem Problem wurden. Bei vielen stellte sich erst im Verlaufe der Ausbildung heraus, daß es erforderlich war, sie besser zu bewältigen. Vor manchen der Handlungsweisen hatten Schüler zu Beginn der Ausbildung einen gewissen Horror, sie symbolisierten die unangenehme Seite der Erziehertätigkeit, während sie wiederum von anderen positiv besetzt wurden: Mit ihnen wurde die Freude an der Erziehertätigkeit exemplarisch verknüpft. Schließlich diente der Katalog immer wieder als Grundlage für die Entscheidung darüber, welche Handlungsweisen in den verschiedenen Unterrichtsfächern und insbesondere in den Praktika in den Vordergrund gestellt werden sollten.

Damit ist zugleich erklärt, wie die Beispiele in Kapitel 2 zustandekamen. In den vier Phasen der Ausbildung haben sich Schülerinnen und Schüler verschiedener Lerngruppen jeweils auf die ausgewählten Handlungsweisen geeinigt. Jenseits der Tatsache, daß jeder in seinem Praktikum noch mit vielen anderen Handlungsweisen zu tun hatte, wollten sich die Mitglieder einer Lerngruppe darauf verständigen, bestimmte gemeinsame Handlungsweisen auch gemeinsam zu erarbeiten, zu erproben und auszuwerten. Wir nehmen dies in 3.3 noch einmal auf.

3.2 Den eigenen Lernprozeß strukturieren: Entwicklungsaufgaben innerhalb der Erzieherausbildung

Natürlich kann sich Ausbildung nicht darin erschöpfen, die herausgearbeiteten Handlungweisen beliebig abzuarbeiten. Die Ausbildung ist allerorts durch einen Rahmen strukturiert. Bei allen Unterschieden erkennt man aber, daß im wesentlichen vier Entwicklungsaufgaben den allen gemeinsamen Bildungsgang angehender Erzieherinnen und Erzieher prägen. Um es noch einmal zu betonen: Jede Erzieherin vollzieht einen eigenen Prozeß der Entfaltung ihrer Fähigkeiten, aber alle haben es doch mit gemeinsamen übergreifenden Aufgaben zu tun. Jeder schulisch begleitete Lernprozeß variiert beträchtlich entsprechend den subjektiven Voraussetzungen der Schüler und ihren praktischen Erfahrungen, aber gleichwohl arbeiten doch alle in einer gleichen Reihenfolge an übergreifenden vier Aufgabenstellungen. Wir nennen sie Entwicklungsaufgaben und meinen dabei ein Doppeltes: Daß es überhaupt zu solchen allgemeinen Entwicklungsaufgaben kommt, liegt wesentlich in Aufbau und Inhalt der Anforderungen begründet, die die Erziehertätigkeit mit sich bringt. Keine kann eine professionelle Erzieherin werden, ohne daß sie diese übergreifenden Anforderungen erfüllt. Solange freilich nicht jede einzelne Schülerin diese Aufgaben zu ihrer eigenen Aufgabe gemacht hat, kann es nicht zur Entwicklung von Kompetenzen kommen. In dem Sinne sind die Entwicklungsaufgaben auch die Aufgaben der Schülerinnen und Schüler. Um es konkret darzustellen:

1. Aufgabe

Entwicklung einer Vorstellung von der eigenen zukünftigen Berufsrolle

Übergreifende Lösung: **„Ich kann Erzieherin werden, weil ich lernen kann, was ich lernen muß und auch lernen will!"**

Erläuterung: Jede von Ihnen kommt mit mehr oder weniger klaren Erwartungen an die erzieherische Tätigkeit in die Ausbildung. Jede von Ihnen hat bei der Wahl des Erzieherberufes bestimmte Berufswahlmotive für sich geltend machen können. Jede weiß also mehr oder weniger gut darüber Bescheid, warum sie mit welcher Zielsetzung Erzieherin werden will.

Dabei berücksichtigen Sie vieles von dem, was Sie bereits über die Praxis in der Sozialpädagogik wissen. Es macht einen Unterschied,

- ob man sich mit solchen Berufsvorstellungen selbst Mut macht,
- ob man sich mit Hilfe einer solchen auf die Zukunft hin ausgelegten Vorstellung von der eigenen Berufsrolle orientiert
- oder ob man schon weiß, daß und wie man die mit der Berufsrolle verknüpften Fähigkeiten entwikkeln kann.

Die Vorstellung von der eigenen Berufsrolle erlaubt, für die eigene Ausbildung eine eigene Perspektive zu entwickeln. Ob diese Perspektive realistisch ist, entscheidet sich erst während der Ausbildung.

Diese Unsicherheit spiegelt sich auf der anderen Seite, nämlich der Ihrer Lehrer und Ausbilder. Diese überlegen schon früh, ob diese neue Generation von Erzieherinnen und Erziehern wohl halten wird, was sie sich selbst verspricht. Der Eintritt in die Erzieherausbildung ist verknüpft mit dem, was man so gerne und mißverständlich „den Ernst des Lebens" nennt. Die Schulzeit ist eine ernste Zeit der Vorbereitung auf berufliche Anforderungen. Da Sie Ihren Ausbildern und Ihren Lehrern noch nicht beweisen können, wie gut Sie als Erzieherin sein werden, lesen diese gerne an Ihren „Arbeitstugenden" ab, ob Sie sich ernsthaft auf die Entwicklung sozialpädagogischer Kompetenzen einlassen werden. Wesentlich davon leiten Ihre Ausbilder und Lehrer ab, ob Sie eine tragfähige Vorstellung der eigenen Berufsrolle entwikkelt haben.

2. Aufgabe

Entwicklung eines Konzepts für die pädagogisch ausgerichtete Fremdwahrnehmung

Übergreifende Lösung: **„Ich finde pädagogischen Kontakt zu Kindern und Jugendlichen, weil ich sie gut verstehen kann!"**

In einer zweiten Phase der Ausbildung, im Umfeld des ersten längeren Praktikums, wird eine zweite Entwicklungsaufgabe akut. So umfänglich auch die kommunikativen Kompetenzen sein mögen, die Sie in die Ausbildung einbringen, so viele Praxiserfahrungen Sie auch bereits gemacht haben mögen, nun, im ersten Praktikum, wird die Probe auf Ihre zukünftige Eignung als Erzieherin gemacht. Denn nun haben Sie in der Rolle der Praktikantin zu beweisen, daß Sie einen pädagogisch gerichteten Umgang mit Kindern herstellen können. Daß Sie vor der Ausbildung als Spielkamerad von Kindern dazu in der Lage waren, zählt nicht mehr. Denn nun wird geprüft, ob Sie auch Zugang zu solchen Kindern herstellen können, die bei Ihnen z. B. nicht sofort Sympathien erwecken. Zu beweisen ist, ob Sie Ihre kommunikative Kompetenz übertragen können in die pädagogisch gerichtete kommunikative Kompetenz einer Erzieherin, und das bevorzugt in Problemsituationen.

Für Ihre Ausbilder ist der Nachweis einer solchen pädagogischen Befähigung außerordentlich aussagekräftig. Die Leistung, die Sie im ersten Praktikum erbringen müssen, besteht weniger darin, daß Sie bereits große pädagogische Aktionen durchführen, als vielmehr darin, in Ihrem kommunikativen Umgang mit Kindern zu beweisen, daß Sie sie richtig wahrnehmen, ihr Verhalten adäquat einzuschätzen vermögen und entsprechend darauf zu reagieren in der Lage sind. Das bedeutet nicht, daß von Ihnen verlangt wird, daß Sie sich jedes Verhalten von Kindern schon zureichend erklären können. Es geht vielmehr darum, daß Sie sich selbst und Ihren Ausbildern beweisen: Sie verfügen bereits über eine Methode, wie Sie das Verhalten von Kinder angemessen interpretieren können.

3. Aufgabe

Formulierung eines Konzepts für das pädagogisch-praktische Handeln mit Kindern und Jugendlichen

Übergreifende Lösung: **„Mein Handeln mit Kindern und Jugendlichen basiert auf meiner eigenen Idee und einer anerkannten, objektiv sinnvollen Praxis!“**

In der dritten Phase, der eigentlichen Hauptphase der Ausbildung, geht es darum, die pädagogischen Zielsetzungen, die Sie mit Ihrem Berufsrollenverständnis verknüpft haben, und Ihre Fähigkeit, Kinder und Jugendliche wahrzunehmen, miteinander zu verkoppeln. Das Ziel besteht nun darin, so etwas wie ein Konzept für das eigene pädagogische Handeln zu entwickeln. Konzept, das meint hier, daß Sie für sich selbst die Chance entdecken, wie Sie verschiedene kleine Aktivitäten sinnvoll miteinander verbinden können. Dabei geht es auch darum, daß Sie sich und Ihren Ausbilder durch Ihre Praxis glaubwürdig vermitteln: Mein Handeln gegenüber Kindern ist nicht zufällig, chaotisch und diffus, sondern es erfolgt zielgerichtet, von bestimmten pädagogisch gerechtfertigten Überlegungen aus! Sie betreiben keinen blinden Aktionismus, sondern Sie sind in der Lage, die verschiedenen Aktionsformen einer Erzieherin sinnvoll dazu einzusetzen, bestimmte pädagogische Probleme zu lösen!

Auch hier gilt gegen Ende dieser Phase nicht die Verpflichtung, daß Sie ein perfekt und allseitig entwickeltes Repertoire an pädagogischen Arbeitsformen vorweisen können. Statt dessen geht es darum, daß Sie eine Ihr weiteres Lernen befördernde Vorstellung besitzen, in welcher Richtung Sie Ihre pädagogische Handlungskompetenz ausbauen wollen.

4. Aufgabe

Formulierung einer Strategie für die Professionalisierung in der Berufspraxis (Berufspraktikum und die ersten Jahre danach)

Übergreifende Lösung: **„Auch wenn ich zu Beginn der Berufspraxis nicht alles kann, was ich können müßte, werde ich im Berufspraktikum nicht untergehen, weil ich weiß, wie ich dort noch lernen kann!“**

Die vierte Entwicklungsaufgabe steht am Ende Ihrer Ausbildung, sie leitet über in das Berufspraktikum und wohl auch noch in die ersten Phasen Ihrer beruflichen Tätigkeit. Die Lösung der Entwicklungsaufgabe besteht wesentlich darin, den Übergang von der Schule in die Praxis produktiv zu meistern. Am Ende der Schulzeit wissen Sie genausogut wie Ihre Ausbilder, daß Sie noch nicht perfekt sind. Während Sie in den ersten Jahren der Ausbildung wesentlich im Schonraum der Schule lernten, mit einigen mehr oder weniger langen „Ausflügen“ in die pädagogische Praxis, dreht sich dieses Verhältnis nun um: Sie sind hauptamtlich in der pädagogischen Praxis tätig und werden nur noch selten die Möglichkeit haben, durch Diskussionen und den Gedankenaustausch in der Schule eine gewisse Distanz zu dieser Praxis zu schaffen. Während Sie in der Phase der Ausbildung noch gut darüber klagen konnten, Sie hätten in der Praxis gar nicht richtig ausprobieren können, was Sie gerne getan hätten, zählt diese „Entschuldigung“ nun nicht mehr. Nach der Ausbildung haben Sie genügend Zeit, um die Probleme zu bearbeiten, die Sie in der Kürze der Zeit Ihrer Praktika tatsächlich nicht lösen konnten. Somit stellt sich erst am Ende der Ausbildung die Frage: Kann ich überhaupt genug, um eigenständig und erfolgreich zu arbeiten?

Die Entwicklung der Professionalität einer Erzieherin geschieht nicht allein in der schulischen Vorbereitung, dort nicht gleichsam auf Vorrat, sie vollzieht sich (wenn sie sich vollzieht) im Umgang mit Kindern, mit der Praxis. Was aber am Ende der Ausbildung in der Ausbildung noch geleistet werden sollte, das ist die Eröffnung einer Perspektive, wie die eigene Professionalisierung in der Praxis vorangetrieben werden kann. Die Schule ist also am Ende der Ort, an dem Sie strategisch darüber nachdenken: Wie kann ich unter den Ernstbedingungen der Praxis lernen, was mir noch zur Entwicklung professioneller Fähigkeiten fehlt? Wie kann ich dabei insbesondere mit den Widerständen umgehen, die zum Alltag der pädagogischen Praxis gehören?

Ihr eigenes Problem spiegelt sich in der zuweilen bangen Erwartung Ihrer Ausbilder. Sie mögen sich am Ende fragen, ob Sie durch sie genügend vorbereitet worden sind: Werden die Berufspraktikanten in ihrer Praxis Erfolg haben? Daraus erwächst auch für die Lehrer das Motiv, mit Ihnen über die Bedingungen des Übergangs in die Berufspraxis im Sinne der Entwicklung von Strategien der Professionalisierung zu sprechen.

Tabellarisch zusammengefaßt ergibt sich folgender Grobfahrplan für Ihre Ausbildung:

Entwicklungsaufgaben im Bildungsgang angehender Erzieher

1. Aufgabe

Entwicklung einer Vorstellung von der eigenen zukünftigen Berufsrolle

Übergreifende Lösung:

„Ich kann Erzieher werden, weil ich lernen kann, was ich lernen muß und lernen will!"

2. Aufgabe

Formulierung eines Konzepts für die pädagogisch ausgerichtete Fremdwahrnehmung

Übergreifende Lösung:

„Ich finde pädagogischen Kontakt zu Kindern und Jugendlichen, weil ich sie gut verstehen kann!"

3. Aufgabe

Formulierung eines Konzepts für das pädagogisch-praktische Handeln mit Kindern und Jugendlichen

Übergreifende Lösung:

„Mein Handeln mit Kindern und Jugendlichen basiert auf meiner eigenen Idee und einer objektiv sinnvollen Praxis!"

4. Aufgabe

Formulierung einer Strategie für die Professionalisierung in der Berufspraxis (Berufspraktikum und die ersten Jahre danach)

Übergreifende Lösung:

„Auch wenn ich zu Beginn der Berufspraxis nicht alles kann, was ich können müßte, werde ich im Berufspraktikum nicht untergehen, weil ich weiß, wie ich dort noch lernen kann!"

Wie stehen nun diese vier Entwicklungsaufgaben zu den in 3.1 dargestellten Handlungsweisen einer Erzieherin?

Der Zusammenhang ist ein recht einfacher. Bezogen auf die gemeinsamen Fragestellungen während der Ausbildung, also jene Auswahl an Handlungsweisen, denen eine Lerngruppe ihre besondere Aufmerksamkeit widmen will, stellt sich die Frage: Welche der Handlungsweisen sind besonders geeignet, d. h. exemplarisch für die Art und Weise, in der die Mitglieder einer Lerngruppe sich um die Lösung ihrer Entwicklungsaufgabe bemühen? Während der vier Phasen der Ausbildung verständigt sich also eine Lerngruppe auf jene Handlungsweisen, an denen besonders gut studiert werden kann, welchen Erfolg sie mit der Lösung der Aufgaben hatte. Wie hat man sich das konkret vorzustellen?

3.3 Lernen, eigene Schwerpunkte zu setzen

Einschränkend ist zunächst festzuhalten, daß auch ein noch so guter Unterricht nicht alle individuellen Probleme bei der Lösung der Entwicklungsaufgaben zum Thema machen kann. Denn es gibt im Durchgang durch die vier Entwicklungsaufgaben ganz unterschiedliche Schwerpunktsetzungen der jeweiligen Schülerinnen und Schüler. Ihre Erfahrungen sind immer komplexer und reichhaltiger als all das, was in den Unterrichtsfächern vermittelt werden kann. Gerade weil das so ist, muß man genau überlegen, welche Auswahl aus den Praxiserfahrungen im Unterricht gemeinsam bearbeitet werden soll.

Wir haben in den vergangenen Jahren gute Erfahrungen damit gemacht, entlang den vier Entwicklungsaufgaben und mit Bezug auf die Liste der Handlungsweisen mit den Schülerinnen einen Kompromiß zwischen den individuellen Akzentsetzungen und den gemeinsam interessierenden Schwerpunkten zu vereinbaren. Konkret hieß das immer wieder zum einen, daß jede Schülerin im Vorfeld eines Praktikums und dann im Anschluß an die Auswertung sich Klarheit darüber verschaffte, welche Handlungsweisen sie in der nächsten Phase ihrer Ausbildung mit einer bestimmten Zielsetzung bearbeiten will. Das ging bis zu dem Punkt, daß Schülerinnen ihre Fachlehrer darüber informierten, was sie als ihre nächsten Aufgaben betrachteten, und sie entsprechend baten, dabei Hilfestellung zu leisten. Sehr gute Erfahrungen haben wir damit gemacht, daß jede Schülerin diesen Prozeß der individuellen Aneignung der Erzieherqualifikation möglichst genau und kontinuierlich protokolliert. Geschehen kann dies durch ein mittels der Handlungsweisen strukturiertes Praxistagebuch. In ihm werden jeweils besonders wichtige Erfahrungen im Umgang mit den Handlungsweisen (Episoden aus der Praxis) festgehalten. In welcher Weise dies geschehen kann, haben die vielen Geschichten in Kapitel 2 hoffentlich sinnfällig und in einer Sie motivierenden Weise gezeigt.

Neben solchen sehr individuellen Schwerpunktsetzungen erweist es sich zum anderen als sinnvoll, zum Zwecke des Vergleichs und der gegenseitigen Hilfestellung auch gemeinsame Aufgabenstellungen zu fixieren. Praktikum für Praktikum und Entwicklungsaufgabe für Entwicklungsaufgabe wird eine Reihe von Handlungsweisen verabredet, zu denen alle Schülerinnen gemeinsame Erfahrungen zu protokollieren haben. Dabei entscheidet sich in der Auswertung eines Praktikums jeweils, welche Aufgaben für das nächste Praktikum festgelegt werden. Die beiden dokumentierten Schemata sind Beispiele für eine solche gemeinsame Vereinbarung von Handlungsweisen. Sie geben so etwas wie den gemeinsamen Fahrplan einer Lerngruppe durch die drei Jahre der Ausbildung wieder.

Muster einer Schule	Praktikum 11.2 (2+3 Wochen)	12.1 (4 Wochen)	12.2 (3+1 Wochen)	13.1 (5 Wochen)	14.Berufs-praktikum
Entwicklungsaufgabe I					
Berufsrolle	verbieten	durchsetzen Feed-back einholen	Grenzen setzen		
Entwicklungsaufgabe II					
Fremdwahrnehmung	beobachten – 3 Szenen –	sich kontrollieren	porträtieren	diagnostizieren	sich als Erzieher untersuchen (Praktikantenarbeit)
Entwicklungsaufgabe III					
pädagogisches Handeln	**positive Erwartung:** spielen **negative Erwartung:** vormachen basteln experimentieren	**besser:** eingreifen **neu:** offen sein und Gefühle zeigen **besser:** basteln	**neu:** quatschen als Kontaktaufnahme **besser:** Vertrautes variieren; Gemeinsam mit Kindern planen	**Neues** erarbeiten: Medien/Themen **besser:** an Problemen kontinuierlich arbeiten	sich pädagogisch-praktisch darstellen (pädagogisch-praktische Darstellung)
Entwicklungsaufgabe IV					
Professionalisierung				Freiraum nutzen	sich anderen vermitteln und rechtfertigen (Kolloquium)

Praktikum Muster einer Schule	Elementar- bereich 1	Heim-, Hort-, Heilbereich 2	Freizeit- bereich 3	Spezialisierungs- bereich 4	Spezialisierungs- bereich 5
Entwicklungsaufgabe I					
Berufsrolle	**verweigern**	**solidarisieren**	**anpassen und verändern**		
Entwicklungsaufgabe II					
Fremdwahrnehmung	**beobachten** z. B. beim Schmusen – leicht –, Mitspielen	**verstehen** z. B. Aggressionen Gruppenprozesse	**porträtieren** z. B. ein Kind, eine Gruppe	**sich als Erzieher untersuchen**	**sich als Erzieher untersuchen** (Praktikantenarbeit)
Entwicklungsaufgabe III					
pädagogisches Handeln	**Mut machen** (Reaktionsweise) **Kimspiele basteln singen** (Aktionsweise)	**erklären** – neu – **Mut machen** – besser – kochen oder Schuhe anziehen = **selbständig werden**	**Problem lösen, Thema entwickeln** (Didaktische Einheit) **Orientierung erproben**	**Handlungsweisen entfalten** (elaborieren) (Didaktische Einheit 1) z. B. basteln oder Mut machen	**sich pädagogisch-praktisch darstellen:** Meisterstück (Didaktische Einheit 2) (pädagogisch-praktische Prüfung)
Entwicklungsaufgabe IV					
Professionalisierung				**z. B. befragen, informieren** (Reaktionsweise) **kooperieren** z. B. Elternabende planen, Teamsitzungen mitplanen (Aktionsweise)	sich anderen **vermitteln** und **rechtfertigen** (Kolloquium)

Wie die verschiedenen Handlungsweisen zueinander in Beziehung stehen und wie sie aufeinander folgen, sei wenigstens beispielhaft erläutert.

Die eine Lerngruppe hat sich relativ früh darauf verständigt, das Verbieten – bezogen auf das erste Praktikum und die erste Entwicklungsaufgabe – auszuwählen. Das geschah mit folgender Begründung: Die meisten Schülerinnen dieser Lerngruppe hatten ungute Gefühle vor diesem Praktikum, weil sie wußten, sie müßten dort Dinge tun, die sie nicht so gerne tun würden. Ihre Zuwendung zur Erziehertätigkeit war wesentlich dadurch bestimmt, daß sie einen freundschaftlichen Umgang mit Kindern suchten. Gleichwohl wußten sie, daß Kinder nicht unbedingt immer freundschaftlich miteinander und mit den Erzieherinnen umgehen, sie wußten von aggressiven Kindern, von Regelübertretungen etc. Kopfschmerzen bereitete ihnen also die Frage: Wie würden sie es hinbekommen, Kindern etwas zu verbieten, ohne in Widerspruch zu ihren eigenen Berufswahlmotiven zu geraten. Gezielt wollten sie auf bestimmte Szenen achten, in denen sie von der Situation her dazu gezwungen sein würden, Kindern etwas zu verbieten. Sie wollten studieren, wie sie dabei vorgehen würden. Die Analyse der Geschichten nach dem Praktikum zeigte nun, daß die Mehrheit der Schülerinnen überraschend wenig Schwierigkeiten damit hatte, Kindern etwas zu verbieten. Das Problem bestand weniger darin, Kindern mitzuteilen, sie sollten dieses und jenes nicht tun, es bestand vielmehr darin, diese Verbote auch tatsächlich durchzusetzen. Denn es zeigte sich sehr schnell, daß viele der Schülerinnen noch nicht so viel Autorität bei den Kindern besaßen, daß diese ihre Verbote tatsächlich akzeptierten. Die Auswertung des Praktikums führte auf diese Weise wie von selbst zur nächsten Handlungsweise für das folgende Praktikum, nämlich zu der Frage: Wie muß man Verbote aussprechen, damit sie auch durchgesetzt werden können? Die Schülerinnen verpflichteten sich, entsprechende Praxiserfahrungen zu protokollieren, um sich dann mit der Auswertung der Praxiserfahrungen bewußt zu machen, welches ihre kommunikativen „Register“, welches ihre Verhaltensweisen und -strategien waren, mit denen mehr oder weniger erfolgreich, mehr oder weniger eindeutig und akzeptabel Verbote durchsetzt werden konnten. Dabei war es für die Schülerinnen besonders aufschlußreich, im gegenseitigen Vergleich entsprechender Erfahrungen zu studieren, wie umfangreich und vielgestaltig die Lösungsmöglichkeiten an dieser Stelle sind.

Nachdem die entsprechenden Methoden, eben sich gegenüber Kindern durchzusetzen, geklärt und auch emotional verarbeitet worden waren (manches dabei deutlich werdende Verhalten ging vielen Schülerinnen beträchtlich gegen den Strich) und dann klar wurde, wie wesentlich hierbei die Herstellung von Akzeptanz gegenüber den Verboten war, entstand ein neues Problem. Die Schülerinnen wußten nun, wie man sich durchsetzen kann, aber sie erkannten zugleich, wie unbefriedigend in pädagogischer Hinsicht viele dabei verwandten, in der Regel autoritär geprägten Verhaltensweisen waren.

Im Rahmen der dritten Entwicklungsaufgabe, der Entwicklung eines Konzepts für das pädagogische Handeln, wurde deswegen die Frage gestellt, ob es nicht Möglichkeiten gäbe, durch die Veränderung der Rahmenbedingungen der Erziehung dafür zu sorgen, daß man Kindern nur selten etwas verbieten muß und entsprechend seltener die Durchsetzung der Verbote zu kontrollieren hat. Die Lerngruppe verständigte sich darauf, pädagogische Verfahren des „Grenzensetzens“ im folgenden Praktikum zu erproben. Es ging also darum, im Vorfeld von Verboten und Sanktionen die erzieherischen Mittel zu finden, Kinder zur Regelbefolgung zu bewegen: Wie kann man z.B. gemeinsam mit Kindern Regeln definieren, die die Aussprache von Verboten immer weniger notwendig machen?

Noch ein zweites Beispiel soll Ihnen den Fahrplan im Schema lebendig machen. Es geht um die Sequenz von Handlungsweisen, die die eine Lerngruppe hinsichtlich der zweiten Entwicklungsaufgabe „Fremdwahrnehmung“ vereinbart hat.

Vorher aber noch eine Nebenbemerkung: Die Tatsache, daß die Entwicklungsaufgaben fast durchweg kontinuierlich während der Ausbildung zum Thema gemacht werden, ist noch einmal eine nachgeschobene Erläuterung zu deren Bedeutung. Es dürfte Ihnen nach einigen Monaten der Ausbildung mehrheitlich gelungen sein, eine abgeklärte Berufsrollenvorstellung zu finden, damit sind aber noch nicht die Probleme der praktischen Übernahme der Berufsrolle gelöst. Handlungsweisen wie die zitierten sind also Anlässe, das eigene Berufsrollenverständnis zu überprüfen und zu erweitern. Das gleiche gilt für die zweite Entwicklungsaufgabe, die Entwicklung eines Modells pädagogischer Fremdwahrnehmung. Auch hier gilt, daß mit der Wahrnehmung von Kindern in der sozialpädagogischen Einrichtung natürlich nicht erst begonnen wird, wenn nach dem ersten halben Jahr diese Entwicklungsaufgabe im Vordergrund steht. Die pädagogische Wahrnehmung geschieht von der ersten Stunde an. Auch gilt nicht, daß Schülerinnen durchweg nach dem ersten Praktikum mit der Interpretation von Verhaltensweisen von Kindern keine Probleme mehr hätten, weil sie sich im Verlauf dieses Praktikums eine Vorstellung von der Lösung ihrer Entwicklungsaufgabe gebildet haben. Im Gegenteil wird es darauf ankommen, auf der Basis der gefundenen Lösung pädagogische Fremdwahrnehmung zu schulen, also das Potential, das in der gefundenen Lösung liegt, wirklich zu entfalten. Wenn wir das so betonen, dann tun wir das im Wissen darum, daß keineswegs jede angehende Erzieherin nach dem ersten Halbjahr ihrer Ausbildung große Fortschritte an dieser Stelle machen wird. Im Gegenteil haben wir die Beobachtung gemacht, daß viele angehende Erzieherinnen sich nur unmerklich in ihren Fähigkeiten entwickeln, Kinder angemessen wahrzunehmen.

Nun aber zurück zum Beispiel des Aufgabenblattes. Die Schülerinnen haben sich im ersten Hospitationspraktikum darauf verständigt, gleichsam als Vorübung zum Aufschreiben von Geschichten zu prüfen, ob sie in der Lage sind, Kinderverhalten so zu beobachten, daß die eigenen Beobachtungen anderen zugänglich und verständlich werden. Die erste Aufgabe bestand also darin, die Protokollierung kleinerer Szenen zum Verhalten von Kindern einzuüben. Die erste Entwicklungsaufgabe ist angesprochen, als mit der Entwicklung einer Berufsrolle die Fähigkeit einhergehen sollte, sich bislang gleichsam automatisch ablaufende Prozesse (dazu zählt das Beobachten) bewußt zu machen, sich also klar zu werden darüber, wie man beobachtet!

Die von Schülerinnen und Schülern dabei mitgebrachten Szenen waren außerordentlich vielfältig und unterschiedlich. Auffällig war dabei nicht nur, wie unterschiedlich aufmerksam auf verschiedene Aspekte des Kinderverhaltens Schülerinnen einer Lerngruppe reagierten, sondern auch, daß in das Beobachten bereits unterschiedlich viel an Interpretationen einging. Als eine der überragenden Schwierigkeiten der Beobachtung stellte sich heraus: Wie beschreibt man Verhalten von Kindern so, daß dieses möglichst genau, d.h. ohne wertende Begriffe, erfaßt wird? Nur wenige Schülerinnen tendierten dazu, das beobachtete Verhalten schon während der Beobachtung z.B. im Sinne von Vorurteilen zu bewerten, häufiger anzutreffen war das Problem, wie man während der Beobachtung, mit seinen Voreinstellungen zum erzieherisch-pädagogischen Sinn des beobachteten Verhaltens umgeht. Sitzen einzelne Kinder schweigend oder konzentriert, versponnen oder isoliert vor ihren Spielsachen? Umarmt der Kleine seinen Freundin heftig, unsicher, ungelenk oder aggressiv? Malt, kritzelt, tobt das Mädchen mit den Farbstiften auf dem Papier?

Sehr viele Schülerinnen haben in ihren kleinen Beobachtungsskizzen mitgeteilt, was sie von Kindern verstanden haben, bzw. wie sie ihr Verhalten verstehen.

Vieles fand dabei die Zustimmung der Mitschüler, vieles aber blieb auch kontrovers und ungeklärt. Die Lerngruppe vereinbarte daraufhin für das nächste Praktikum, gezielt auf solche Szenen zu achten, in denen Verstehen ihnen selbst zu einem Problem geworden war. Die Schülerinnen protokollierten also Szenen mit Kindern, in denen sie sich zum einen klar darüber geworden waren, wie schwierig es war, bestimmtes Verhalten der Kinder zu verstehen, zum anderen Szenen, in denen sie glaubten, einen Verständniszugang zu Kindern gefunden zu haben. Die Auswertung der entsprechenden Geschichten bezog sich folglich wesentlich darauf, gemeinsam nach Wegen, Methoden und Theorien zu suchen, wie man sich das beobachtete Verhalten von Kindern

- erschließen kann,
- wie es erklären,
- wie man es psychologisch tiefer versteht,
- wie man es leichter akzeptiert,
- wie man sich praktisch darauf einstellt.

Das führte die Gruppe dazu, Verstehen selbst als eine Mischung aus formalen Verfahren und inhaltlichen Annahmen zum Verhalten zu begreifen. Wie von selbst wurde damit sowohl der Unterricht in Didaktik/Methodik als auch der in Erziehungswissenschaften von einem Praxisproblem aus bestimmt. Das in dieser Phase vermittelte theoretische Wissen zum Lernen und zur Entwicklung von Kindern konnte zum Verständnis von Kinderverhalten herangezogen werden.

Der Überschwang, den Schülerinnen an dieser Stelle zeigten, führte sie dazu, im folgenden Praktikum bewußt zu kontrollieren, ob sie in der Lage waren, die erarbeiteten Tugenden des Fremdverstehens auch wirklich zu befolgen. Sich kontrollieren als die neu vereinbarte Handlungsweise bezog sich also auf Übungen, wie man den eigenen Verständniszugang zu Kindern kritisch überprüfen könne. Woran stelle ich fest, ob mein Verstehen von Kindern die Situation der Kinder wirklich trifft, bzw. ob das Gegenteil der Fall ist? Welche Möglichkeiten kann ich entwickeln, um im Umgang mit Kindern sicherer zu werden hinsichtlich der eigenen Charakterisierungen, die ich zu diesen Kindern gefunden habe? Wieder ging es im Anschluß an das Praktikum darum, die verschiedenen Strategien der Selbstbeobachtung kenntlich zu machen und als Angebote für die Erweiterung der Handlungskompetenz festzuhalten.

Für das vierte Praktikum, und damit sollen unsere Erläuterungen enden, wurde schließlich eine neue Aufgabe vereinbart, eine, die im Katalog der Handlungsweisen zunächst gar nicht vorgesehen war. Alle bis dahin von Schülerinnen aus dem Praktikum mitgebrachten Episoden waren auf einzelne Situationen der Kinder bezogen und konzentriert. Will man mehr als die jeweilige Befindlichkeit der Kinder verstehen, muß man das Verhalten der Kinder in einem umfassenderen Sinne erklären können. Mit anderen Worten: Man muß ihr Verhalten diagnostizieren können. Hierfür reicht es aber nicht aus, eine einzelne Situation zu nehmen, erforderlich wird, daß man die Hintergründe des Verhaltens erkennt, sie gegebenenfalls gesondert erkundet. Das Fremdverstehen wurde auf diese Weise von den Schülerinnen erweitert zu einer Kompetenz, die in der Arbeit der Erzieherin immer dann relevant wird, wenn die alltäglich vollzogenen Wahrnehmungen und Problemlösungen nicht mehr greifen und deswegen eine gesonderte Anstrengung des Fremdverstehens notwendig ist. Eine der Methoden, die die Schülerinnen erarbeiteten, um das Verhalten von Kindern zu diagnostizieren, bestand – das zeigte die Auswertung – im Porträtieren von Kindern. Dieses war durch die Absicht bestimmt, nicht erneut in den Fehler zu verfallen, allein bestimmte (vor allem soziale) Faktoren für das Verhalten verantwortlich zu machen (alleinerziehende Mutter, Leben im sozialen Brennpunkt). Porträtieren hieß etwa, das Verhalten eines Kindes verständlich zu machen, indem man sich die Persönlichkeit des Kindes in ihren vielen Facetten bewußtmacht, in ihren Stärken und Schwächen, in ihren Problemen und Nöten und in ihren Fähigkeiten und Sorgen etc.

4. Geschichten aus der Praxis lesen lernen

4.1 Wann wird man aus Erfahrung klug?

In der traditionellen Ausbildung ist als Ort, an dem immer wieder alltägliche Geschichten aus den Praktika zum Thema gemacht werden, die Praxisauswertung vorgesehen. In ihrem Rahmen nehmen sich die Lerngruppen häufig viel Zeit, um den Schülerinnen Gelegenheit zu geben, die ihnen wichtig erscheinenden Erlebnisse miteinander auszutauschen. Oft geschieht das in der folgenden Weise: Die Schülerinnen werden aufgefordert, besonders positive oder negative Erlebnisse in der Gesamtgruppe oder in einer Kleingruppe zu erzählen. Zuweilen werden die Berichte zusätzlich durch den Hinweis auf bestimmte Aufgaben, Konflikte, Probleme strukturiert. Für viele Schülerinnen ist dies eine gute Gelegenheit, z. B. Dampf abzulassen, das sie anhaltend Bedrängende ihrer Erlebnisse dadurch loszuwerden, daß sie es in der Lerngruppe den Mitschülern mitteilen. Der – wissenschaftlich gesprochen – kathartische Effekt (Katharsis = Reinigung der Seele von den Leidenschaften) solcher Praxisberichte ist wichtig. Man wird durch ihn frei für neue Erfahrungen. Zugleich bringt das Verfahren mit sich, daß so etwas wie ein Schneeballeffekt einsetzt: Schülerin A berichtet über einen Konflikt mit der Erzieherin B, worauf andere Schülerinnen bestätigend oder kontrastierend ihre parallelen Erfahrungen mitteilen. Selten kommt es in solchen Praktikumsauswertungen dazu, daß die Geschichten, und seien es auch nur einzelne von ihnen, ausführlich und genau analysiert werden. Nachdem Praxis über ein, zwei oder drei Tage auf diese Weise ausgewertet worden ist, geht man im Fachunterricht in den meisten Fällen zur Tagesordnung über, nur noch hier und da taucht die erzählte Praxiserfahrung als illustratives Einsprengsel noch einmal auf.

Als Fachlehrerinnen machten wir die widersprüchliche Erfahrung, daß wir für den theoretischen Unterricht häufig verzweifelt nach guten Beispielen aus der Praxis suchten (insbesondere dann, wenn es um die Nutzung von oder die Kritik an Theorien ging), während wir auf der anderen Seite erlebten, daß ein riesiger Fundus von ausgezeichneten Erfahrungen/Geschichten aus der Praxis ungenutzt blieb. Daraus wiederum resultierte aus der Sicht der Schülerinnen die oft gehörte Klage über das Auseinanderfallen von zwei Lern- und Erfahrungswelten: Auf der einen Seite erlebten sie Praxis und versuchten, diese so gut wie möglich zu verarbeiten. Auf der anderen Seite gingen sie in die Schule und lernten für diese. In ihr war oft von der Praxis in einer Weise die Rede, die nicht zu dem paßte, was die Schülerinnen selbst erlebt hatten.

Unsere Aufforderung, aus Geschichten zu lernen, setzt natürlich voraus, daß dies einen angemessenen zeitlichen Rahmen im Unterricht einnimmt. Es muß hinreichend Zeit zur Verfügung stehen können, aber die Lehrer müssen doch darauf achten, daß anderes darüber nicht zu kurz kommt. Es gibt ein schönes Sprichwort: Aus Schaden wird man klug! Das ist richtig, sofern aus dem Schaden eine produktive Erfahrung geworden ist, man gelernt hat, zukünftig möglichen Schaden zu vermeiden. Die Tatsache also, daß man bestimmte Dinge erlebt, erleidet oder genießt, sagt noch nichts darüber aus, ob sie einen verändert haben. In unserem Zusammenhang bedeutet das, daß man seine pädagogischen Fähigkeiten weiterentwickeln konnte. Häufig ist es so, daß unverarbeitete Erlebnisse den Zuwachs an eigener Kompetenz blockieren: Man erlebt in der Praxis etwas als Einschränkung und folgert häufig daraus, diese als „Naturtatsache“ hinzunehmen. Da man die Geschichten nicht genau analysiert hat, wird einem nicht bewußt, welche alternativen Handlungsmöglichkeiten sich ergeben hätten. Dann aber wird man nicht aus Schaden klug, sondern durch ihn eher dumm gemacht.

4.2 Analyseschritte zum Umgang mit den Geschichten

Sie haben zu allen hier abgedruckten Geschichten aus der Praxis von uns Bearbeitungshinweise bekommen. Diese Bearbeitungshinweise folgen einem bestimmten Muster. Sie dienen dazu, daß Sie in relativ kurzer Zeit allein oder in kleinen Gruppen, mündlich, gegebenenfalls auch schriftlich, das Material analysieren können.

In gewisser Weise stellen unsere Arbeitshinweise selbst einen kleinen didaktischen Sündenfall dar. Denn wir unterstellen mit ihnen, es sei in abgekürzter Form möglich, die möglichen Schlußfolgerungen aus den Geschichten zu ziehen. Abgekürzt sind die Bearbeitungshinweise gegenüber einem unverkürzten Verfahren, als wir in den Jahren, in denen dieses Lehrwerk entstand, eine besondere, anspruchsvollere Form der Analyse von Geschichten erarbeitet hatten. Wir haben bei der Erprobung dieser ausführlichen Analyseschritte lernen können, wie wichtig es ist, möglichst genau und geduldig das Material zu analysieren. Erst wenn man über genügend umfangreiche Erfahrung mit dem im folgenden dargestellten Analyseverfahren verfügt, kann man es sich leisten, die Geschichten gleichsam schneller zu lesen und zu analysieren.

Warum ist das so? Das, was in den Geschichten, noch in den trivialsten Episoden aus der Praxis, steckt, wird erst deutlich, wenn man es gegen das eigene Vorverständnis, das eingebrachte Vorwissen, den ersten Eindruck analysiert. Oft teilt ein flüchtiger Blick auf die Episode dem Leser mit, es handele sich um nichts Besonderes, nichts Spektakuläres. Insofern sei aus der Geschichte wohl nichts zu lernen! Mobilisiert wird durch das Erzählte eher Sympathie oder Antipathie (gegenüber der handelnden Erzieherin oder den Kindern), als daß man gezielt suchte, welche Einsichten in die Bedingungen pädagogischen Umgangs durch eine geduldige Lektüre der Geschichte gewonnen werden können. Will man wirklich genau herausfinden, was Erzieherinnen und Erzieher in die Lage versetzt, pädagogische Probleme zu bearbeiten, muß man so mikroskopisch wie möglich ihr Handeln betrachten. Mikroskopisch, das bedeutet im wesentlichen, daß man Handlungsschritt für Handlungsschritt, d. h. bezogen auf die protokollierte Szene, Satz für Satz den Verlauf der Geschichte anschaut. Erst im Durchgang durch eine genaue Analyse des Verhaltens hat man die Chance herauszufinden, welche Strategie der Praktikant verfolgte, welches seine Absichten waren, welchen Regeln sein Handeln folgte. Oft ist es so, daß die Handelnden sich gar nicht darüber im klaren sind, welchen Regeln, Strategien, Absichten sie folgen. Wenn man dies akzeptiert, dann wird klar: Es hat keinen Sinn, einer Schülerin Hinweise zur besseren Bewältigung von pädagogischen Problemen zu geben, wenn deren Sinn dem Sinn widerspricht, dem die bisherige Problemlösung der Schülerin folgte.

Wir gehen davon aus, daß das folgende, in seinen Schritten dokumentierte Verfahren „Aus Geschichten lernen" zum Kernbestandteil erzieherischer Kompetenz gehören sollte. Es ist nicht nur ein Verfahren, wie man in der Ausbildung produktiv mit Geschichten umgehen kann, es eignet sich auch als Verfahren später in der sozialpädagogischen Praxis, wenn es darum geht, im Team von Erziehern produktiv mit Problemen der Praxis umzugehen. Denn im Team besteht die Gefahr, daß die jeweils berichtete Praxiserfahrung in das Anekdotenerzählen umschlägt oder daß es statt der Erklärung von Praxisproblemen dazu kommt, allgemeine Ursachen für mißlingende Praxis zu benennen. Deshalb plädieren wir dafür, nicht nur im Anschluß an Praktika, sondern kontinuierlich während der Ausbildung „Pädagogische Kasuistik" (Fallstudien, abgeleitet von casus – lat.: Fall –) zu betreiben. Wir haben gute Erfahrungen damit gemacht, im Stundenplan einer Woche eine bis zwei Stunden für die kontinuierliche Analyse von Praxisgeschichten nach dem folgenden Schema zu reservieren.

Nach unserer Erfahrung sind eine bis eineinhalb Stunden notwendig (zumindest in der Startphase), um die folgenden Schritte umzusetzen.

Schritt 1:
Verständigung über das Motiv der Schülerin, des Schülers, über die dokumentierte Erprobung ihrer Handlungsweise zu berichten

Berichtet eine Praktikantin über eine Szene aus ihrem Praktikum, so entsteht erfahrungsgemäß das Bedürfnis, sich als Zuhörer zur erzählten Geschichte zu verhalten, als wäre sie die eigene. Auch zeigt sich schnell das Bedürfnis, die Geschichte insgesamt zu bewerten. Das gängigste Bewertungskriterium ist der Erfolg oder der Mißerfolg des Handelns. Damit die sachliche Analyse der folgenden Schritte nicht immer wieder durch persönliche Bewertungen unterbrochen wird, ist es sinnvoll, in einem ersten Schritt zu fragen, welches Motiv die Mitschülerin wohl hatte, genau diese Geschichte zu erzählen. Sie kann dies gegebenenfalls selbst in einer Einleitung deutlich machen: Die Szene kann so aufgeschrieben worden sein, weil sie beispielhaft eine gelungene Handlung (beispielhaft für die Handlungsweise) demonstriert. Sie kann aber auch exemplarisch von einer mißlungenen (nicht zureichend gelungenen), unbefriedigenden Praxis berichten. Schließlich kann sie ein Handeln demonstrieren, das als wichtig bewertet wird, weil in ihm „irgend etwas" Ungeklärtes und Bedrängendes steckt.

Das berichtete Motiv und die damit vorab gesetzte Deutung der Geschichte muß nicht auf die Zustimmung der Leser/Interpreten stoßen. In zwangloser Weise äußern diese nun ihre Deutung und versuchen, das Handeln zu bewerten. Dabei ist zu erkennen, in welcher Vielfalt Überzeugungen über richtiges pädagogisches Handeln herangezogen werden. Für die die Auswertung koordinierende Lehrerin oder Schülerin ist das die Gelegenheit, stichwortartig das Material für die späteren Analyseschritte zu sammeln und ggf. durch einen Tafelanschrieb allen zugänglich zu halten.

Schritt 2:
Untersuchung des Textes unter dem Gesichtspunkt der von der Schülerin, dem Schüler gezeigten Kompetenz

Von der übergreifenden Deutung und Bewertung wird übergegangen zu einer möglichst detaillierten Analyse der von der Schülerin in ihrer Episode gezeigten Kompetenz. Dabei wird streng mit der Unterstellung gearbeitet, zunächst einmal das Positive im Sinne der Handlungsfähigkeit herauszuarbeiten und nicht unmittelbar vermeintliche oder tatsächliche

Fehler und Inkompetenzen herauszupräparieren. Die Verpflichtung auf eine bewußt positive Lektüre fördert dabei zunächst überraschend für alle Beteiligten zutage, was alles schon gekonnt sein will, damit die Praktikantin überhaupt einen sinnvollen pädagogischen Umgang initiieren und durchhalten konnte. Noch die insgesamt vielleicht als wenig gelungen geltende Handlung enthält häufig im Detail eine Fülle von Hinweisen auf die entwickelte kommunikative Kompetenz.

Entscheidend ist, daß eine Episode wirklich Satz für Satz daraufhin „abgeklopft" wird, was die Schülerin im Umgang mit Kindern getan hat, bewußt oder auch in der spontanen Reaktion, und wie das als Kompetenz beschrieben werden kann. Zur besseren Kennzeichnung des pädagogisch-kommunikativen Sinns eines Handlungsmoments kann es sich dabei als hilfreich herausstellen, rhetorisch zu fragen, welche alternativen Handlungsmöglichkeiten (aktiv oder reaktiv) in der jeweiligen Redesituation bestanden hätten. Dort, wo man nicht direkt auf Teilkompetenzen stößt, verweist die gedankenexperimentelle Frage, was denn die Praktikantin hätte anders tun können, doch häufig auf vorhandende kommunikative Kompetenz.

Die Verpflichtung darauf, zunächst das Handeln positiv zu kennzeichnen, ist nicht als strenges Gebot zu verstehen, an keiner der analysierten Stellen der Episode dürfte nicht auch deutlich gemacht werden, wo ggf. Fehler im Handeln vorgelegen haben können, bzw. ein Mangel an kommunikativer Kompetenz. Würde man kritische Einschätzungen völlig ausschließen, ließe sich oft nicht sagen, warum das Geschehen einen pädagogisch unerfreulichen Verlauf genommen hat. Aber von solchen Bemerkungen aus sollte dann doch wieder schnell zum Positiven gewechselt werden.

Entscheidend für den Erkenntniszuwachs ist das bewußte Bemühen um die Analyse des Sinns der einzelnen Handlungsschritte. Dieser verweist angesichts der Tatsache, daß in der Regel ein von der Praktikantin gesteuerter Handlungszusammenhang vorliegt, zunächst auf realisierte Kompetenz.

Schritt 3:

Die Deutung der in den Kompetenzen untersuchten Handlungsweise unter dem Gesichtspunkt des pädagogischen Ziels der Praktikantin

Eine ausführlich vorgenommene Untersuchung der positiv realisierten Kompetenz führt mit Zwangsläufigkeit zu der Rückfrage, ob das, was die Schülerin konnte (aber auch das, was sie augenblicklich unbeholfen realisierte) mit dem übereinstimmt, was sie erreichen wollte. Mit anderen Worten: ob die gewählten Methoden zu dem passen, was sie pädagogisch mit ihrem Tun bezweckte. Die Interpreten versuchen deshalb, den im einzelnen ausgedeuteten und damit nachvollzogenen Text zusammenfassend zu deuten. Es ist eine Antwort auf die Frage zu finden, welches das übergreifende pädagogische Handlungsziel der Berichtenden gewesen ist und mit welcher Handlungsstrategie diese pädagogische Absicht verfolgt wurde. Dabei ist es zweitrangig, ob dieses Ziel und die Methode dem Berichtenden bewußt gewesen sind oder ob erst mit der Analyse des Textes ein Interpretationsangebot vorliegt, mit dem die berichtende Schülerin sich über die Regelhaftigkeit ihres Vorgehens aufklären konnte.

Die Aufdeckung von solchen Regelhaftigkeiten bedeutet zweierlei nicht:

- nicht, daß jedes Handeln in sich geschlossen und stimmig sein muß, denn es wird auch Episoden geben, in denen Praktikantinnen konfus reagierten und agierten oder in denen sie sich zwischen zwei Handlungszielen nicht entscheiden konnten,
- und auch nicht, daß die entdeckte Regelhaftigkeit des Verhaltens in der protokollierten Szene die Schülerin für Vergangenheit, Gegenwart und Zukunft festlegen würde.

Von Interesse ist vielmehr allein, für die jeweilige Szene den roten Faden zu finden, das also, was die verschiedenen Handlungsschritte, über die die Episode berichtet, zu einem in sich stimmigen Handeln zusammenzubinden erlaubt. Am Ende dieses Analyseschritts steht eine Vorstellung vom Konzept, mit dem die Erzählerin gespielt, verboten, ermutigt etc. hat. Der Schülerin bleibt es dann frei, für sich zu entscheiden, ob der rote Faden nur für die untersuchte Szene oder (was häufig der Fall sein wird) auch für viele andere vergleichbare Szenen gelten wird.

Alle Interpretationsangebote an dieser Stelle sind Angebote zur Selbstaufklärung. Das bedeutet, daß kein dogmatischer Gebrauch von den Interpretationsergebnissen gemacht werden darf, vor allem kein solcher, der die interpretierte Schülerin in die Enge treibt, so daß sie sich falsch „etikettiert" fühlt und sie deswegen Widerstand gegen die ihr zugemutete Interpretation äußern muß.

Schritt 4:

Hinweise, wie man in analogen Situationen gegebenenfalls (noch) erfolgreicher das eigene pädagogische Ziel verfolgen könnte

Nachdem die Gruppe eine Hypothese formuliert hat, welches das übergreifende Ziel für die protokollierte Situation war, bzw. in welcher Mehr-, Zwie- oder Zweideutigkeit sich die Schülerin verhalten hat (so daß mehrere Wahlmöglichkeiten deutlich werden, aber kein stimmiges Handeln), ergibt sich die Frage, wie auf der Basis des Ziels der Schülerin, die über ihre Geschichte berichtet hat, ein gegebenenfalls zielgerichteteres Handeln aussehen könnte.

Schülerinnen, die in ihrem Bericht die eigene Unsicherheit deutlich machen, werden die qualitativen, also die grundsätzlichen, aber auch die ganz praktisch konkreten Alternativen für ihr Reagieren und Agieren deutlich gemacht. Schülerinnen, die erfolgreich ein bestimmtes Ziel verfolgten, erhalten Hinweise, wie in komplexeren und zugleich schwierigeren Situationen ihr Repertoire erweitert, modifiziert, und das heißt auch anspruchsvoller realisiert werden könnte. Schülerinnen, die in ihrem Protokoll deutlich machen, warum sie ihr eigenes Ziel nicht erreichten, erhalten Hinweise, wie die Geschichte anders hätte verlaufen müssen.

Schritt 5:

Die Variation der protokollierten Episode unter dem Gesichtspunkt alternativer pädagogischer Ziele des Handelns

Die interpretierenden Mitschüler sind nur dann über einen längeren Zeitraum der Diskussion auf die immanente (aus der Sicht der berichtenden Schülerin) Würdigung des protokollierten Schülerinnenverhaltens zu verpflichten, wenn die vorhandenen pädagogische Alternativen nicht ganz ausblendet werden. Schülerinnen, die nicht die gleichen pädagogischen Ziele wie die protokollierenden Mitschülerin verfolgen, bekommen in diesem fünften Schritt die Gelegenheit, in der Form einer Simulation deutlich zu machen, wie sie auf der Basis ihres pädagogischen Selbstverständnisses gespielt, motiviert, gebastelt etc. hätten. Die Szene wird in unterschiedlichen Verläufen ausgesponnen, ggf. wird in der Form von Rollenspielen das andere Verhalten getestet.

Schritt 6:

Die theoretisierende Generalisierung des Handelns durch die Analyse pädagogischer Handlungskonzepte

Hat die Lerngruppe eine Reihe von Geschichten zu bestimmten Handlungsweisen untersucht, ergibt sich die Möglichkeit, gemeinsam zu erarbeiten, welche pädagogischen Handlungskonzepte denn überhaupt vorliegen, um die Handlungsaufforderung, die Ausgangspunkt des Protokolls war, angemessen zu beantworten. Die Arbeit in dieser Phase besteht darin, das Erlebte und Interpretierte jeweils auf einen möglichst guten plastischen Begriff zu bringen. Die Schülerinnen suchen nach prägnanten Bildern, Metaphern, technischen Bezeichnungen etc., die verdeutlichen, welche Konzepte des Vormachens, Helfens, Bastelns etc. grundsätzlich realisiert worden sind.

Die Analyse von verschiedenen Fällen zu einer Handlungsweise kann damit abgeschlossen werden, daß theoretisch geklärt wird, welche Verlaufsgesetzmäßigkeiten, Wirkungsgesetze etc. mit den Geschichten deutlich geworden sind. Nun ist auch der Zeitpunkt gekommen, systematisch zu fragen, welche Hilfe die wissenschaftlichen Theorien und Begriffe für die Erklärung der Praxis bieten.

Die Kasuistik einer Handlungsweise mündet für jede Schülerin in eine Bilanz ihrer bis dahin stattgefundenen Kompetenzentwicklung.

- Sie kann unterscheiden, ob sie nach Auswertung ihrer Geschichte zu dem Schluß kommt, diesen Ausschnitt ihrer pädagogischen Praxis zureichend bewältigen zu können, so daß sie sich anderen Handlungsweisen widmen kann.
- Sie kann entscheiden, an welcher Stelle analysierte Defizite dazu zwingen, für das nächste Praktikum alternative Reaktionsmöglichkeiten und Aktionsformen zu erproben.
- Schließlich kann sie überlegen, wie sie unter zukünftigen, ggf. schwierigeren Bedingungen versuchen wird, die positiv festgestellte und eingebrachte Kompetenz zu erweitern, so daß mit ihr auch problematischere Situationen des Tröstens, des Mutmachens etc. bewältigt werden.

Ist erst einmal die Methode der Fallanalyse in der beschriebenen Weise eingeübt worden, so ist es ohne weiteres möglich, eine Episode in einer Unterrichtsstunde befriedigend zu analysieren.

4.3 Abschließende Hinweise zum Umgang mit der Methode

Abschließend seien noch einige Hinweise zum Umgang mit der Methode gegeben. Wir empfehlen Ihnen, von der ersten Phase der Arbeit mit dieser Methode an (in der Gesamtgruppe, einer Klasse oder Kleingruppe) dafür zu sorgen, daß jemand den Analyseprozeß beobachtet und steuert. Das bedeutet: Jemand ist zuständig dafür, daß die Regeln des Verfahrens und die Reihenfolge der Schritte möglichst strikt eingehalten werden. Dieser „Supervisor“ hat das Recht, in die Analyse des Materials einzugreifen,

- wenn Schülerinnen mit dem dritten Schritt einsetzen, bevor der zweite abgeschlossen ist,
- wenn Schülerinnen zu schnell vorgehen, etwa das Material nicht Satz für Satz durchgehen,
- vor allem wenn die Schülerinnen in das Umfeld der Geschichte abschweifen, anstatt sich auf die Geschichte zu konzentrieren.

Letzteres verweist insbesondere auf die Tendenz des noch Ungeübten, aus dem Schritteschema auszubüchsen. In der Regel läuft dann die Analyse und Diskussion ins Leere. Hüten Sie sich vor allem vor den folgenden „Fluchtwegen“:

- Das, was in der Geschichte nicht so recht zu greifen ist, wird dadurch eingeordnet und erklärt, daß man auf den Kontext zurückgreift. („Ach, das ist doch eine Geschichte von Gisela, die geht immer so forsch vor, kein Wunder, daß das hier auch nicht geklappt hat!")

- Es werden andere vergleichbare Geschichten zum besseren Verständnis der zu analysierenden zitiert. („Das erinnert mich an meine Erfahrung in X, da hatten wir auch so ein Kind, das hat y!")
- Es wird der Geschichtenerzähler aufgefordert, noch andere Geschichten zusätzlich zu erzählen oder zu berichten, wie es weiterging. („Ging dir das immer so mit diesem Kind?" „Und was hat dann der Karl später gemacht, nachdem du ihm gesagt hast, er dürfe nicht mehr . . .?")

Erst mit der Zeit entsteht ein selbstverständlicher Umgang mit den Analyseschritten, und erst zu diesem Zeitpunkt kann es sinnvoll sein, das Verfahren zu variieren.

Bei der Analyse der Geschichten ist zum zweiten ein Gesprächsleiter erforderlich. Dieser bestimmt das Tempo der Analyse, er stellt Rückfragen zum Verständnis der vorgelegten Deutungen, führt die Entscheidung herbei, wann von einem Schritt zum folgenden Schritt übergegangen werden kann.

Sofern Sie sich im Rahmen der Schrittfolge bewegen, ist eine Fülle von kreativen Variationen im Arbeitsverfahren zugelassen, man muß also nicht immer in einer Großgruppe diskutieren. Gute Erfahrungen haben wir gemacht

- mit Paarübungen,
- mit der Interviewform,
- in schriftlicher Form (als Praxisbericht),
- mit der parallelen Bearbeitung ein und der gleichen Geschichte durch mehrere Arbeitsgruppen
- und der Überprüfung der Arbeitsergebnisse bzw. ihrem Vergleich.

Abschließend sei auf einen Aspekt noch eingegangen, der, weil er die Lehrerinnen und Lehrer besonders betrifft, ausführlicher im Lehrerhandbuch diskutiert wird. Es geht um die Offenheit der Erzähler für ihre eigenen Geschichten. Wenn man jemanden dazu auffordert, die wichtigsten Erlebnisse seiner Praxis zu protokollieren, damit dann in der Schule das entsprechende Material gemeinsam analysiert werden kann, so verlangt das die Bereitschaft aller Seiten zu großer Offenheit und Toleranz. Es ist klar, daß man eher bereit ist, in der Schule die „Highlights" seiner Praxis mitzuteilen, als daß man seine Niederlagen zugibt. Man ist eher bereit, darüber zu berichten, was geklappt hat, als ausführlich analysieren zu lassen, wo man Fehler gemacht hat. Aus beidem kann unerhört viel gelernt werden. Damit keine allzu hohe Barriere aufgebaut wird, sind zweierlei Vorkehrungen (zumindest in der ersten Phase der Ausbildung) zu treffen:

- Am Anfang empfiehlt es sich, die Geschichten je nach Lernergruppe anonym zu behandeln. Es ist überhaupt nicht wichtig, wer von den Mitschülern eine bestimmte Geschichte vorlegt, wichtig ist, wie folgenreich sie analysiert wird. So manche Schülerinnen werden eher bereit sein, ihre persönlichen Geschichten zum Gegenstand einer gemeinsamen Analyse zu machen, wenn sich die Mitschüler und auch der Lehrer ganz auf den Text konzentrieren und sie nicht darüber spekulieren, wer denn den Text produziert habe. Dies zwingt auch zu einer gewissen Disziplinierung gegenüber der Verschiebung vom Text zur Person. Man hat sich ja mehr oder weniger schnell ein Bild von der Person gemacht, und mit diesem Bild liest man den Text. Häufig sitzt man dabei seinen eigenen Vorurteilen auf. Deswegen empfehlen wir, mindestens in der ersten Phase der Ausbildung möglichst alle Geschichten, die in der Klasse analysiert werden, anonym zu behandeln.
- Zum zweiten ist darauf zu achten, daß die Geschichten in solche unterschieden werden, die irgend etwas mit der Notengebung in der Schule zu tun haben, und solche, die damit nichts zu tun haben dürfen. Wenn ich als Geschichtenerzähler und Protokollant weiß, daß meine Geschichte vom Lehrer als Hinweis auf meine Fähigkeit in der Praxis verstanden wird, werde ich vielleicht keine kritischen Erlebnisse aufschreiben. Ich könnte mir dann ja selbst schaden. Aus diesem Grund sind insbesondere die problematischen Erlebnisse von vornherein so zu behandeln, daß sie in keiner Weise etwas mit den Noten zu tun haben, die Lehrer erteilen müssen. Dem gegenüber sind solche Geschichten gesondert auszuweisen, von denen die Schülerinnen und die Lehrer sagen, sie sollen in die Notengebung einbezogen werden. Später dann, wenn eine Übung sowohl im Geschichtenerzählen als auch im Geschichtenanalysieren vorhanden ist, wird es sich geradezu von selbst ergeben, daß die entsprechenden Texte und Analysen, insbesondere solche zu positiven Erfahrungen in der Praxis bzw. solche zu geglückten Analysen dieser Praxis, in die Notengebung Eingang finden. Denn es spricht nichts dagegen, die während der Ausbildung gewachsene Fähigkeit, „aus Geschichten zu lernen", auch als solche zu bewerten.